…strange daily life of a nurse
…ented by Yutsuki + Hagimidori

作 妻 ゆつき
＋
画 夫 葉来緑

ナースゆつきの怪奇な日常

飛鳥新社

はじめに

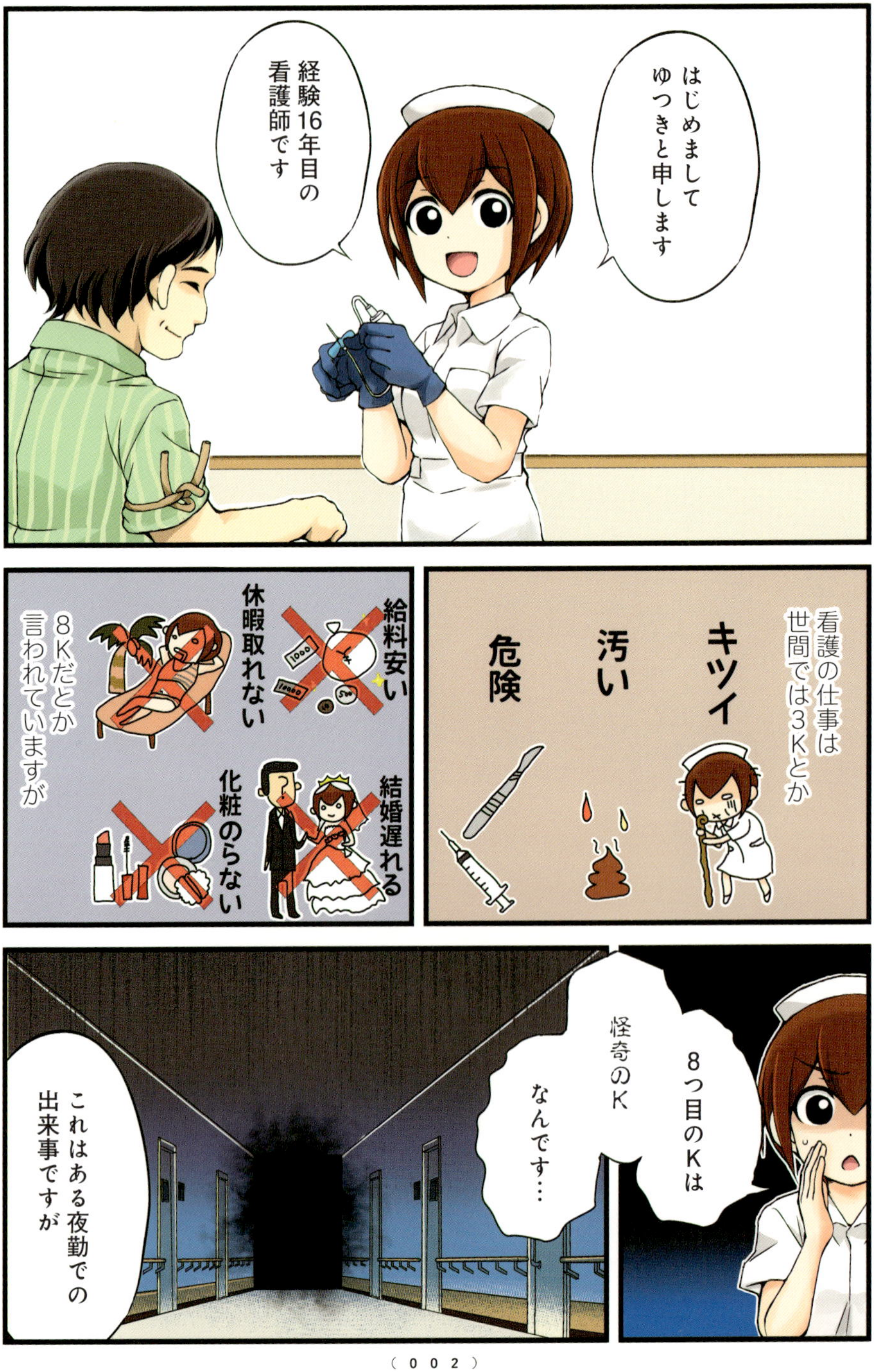

はじめまして ゆつきと申します
経験16年目の 看護師です
看護の仕事は 世間では3Kとか
キツイ
汚い
危険
給料安い
休暇取れない
結婚遅れる
化粧のらない
8Kだとか 言われていますが
8つ目のKは
怪奇のK
なんです…
これはある夜勤での 出来事ですが

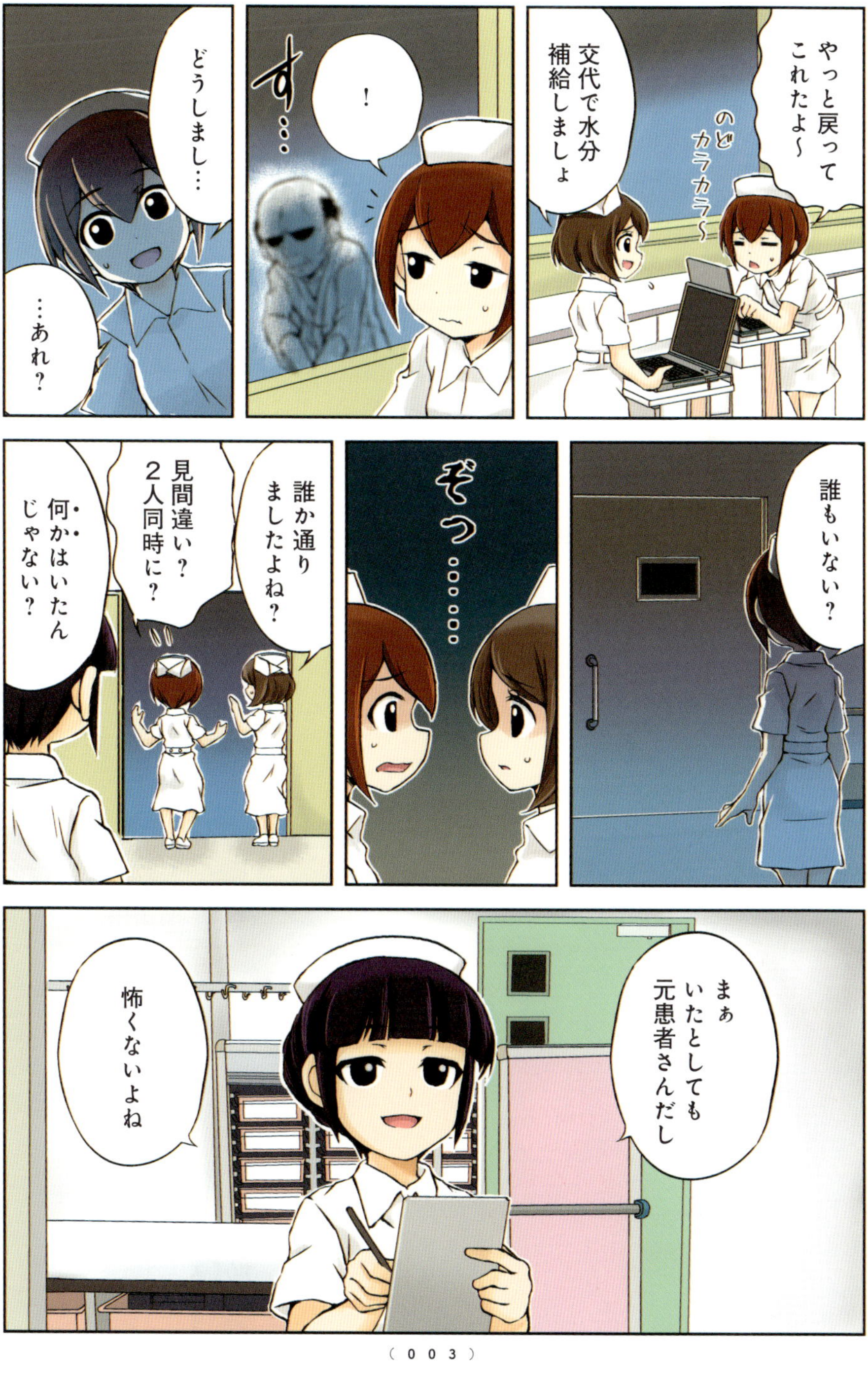
やっと戻ってこれたよ〜
のどカラカラ〜
交代で水分補給しましょ
！
す…
どうしまし…
…あれ？
誰もいない？
ぞっ……
誰か通りましたよね？
見間違い？2人同時に？
何かはいたんじゃない？
まぁいたとしても元患者さんだし
怖くないよね

それって幽霊的な…
何か恨みが…
死後も病院に来るなんて
ナムアミダブツ
入院していたら患者って呼ばれちゃうけどさ…
例えばさその患者がゆつきのお祖父《じい》さんだったら？
はっ
祖父なら他界しましたが
たのしい電気工作
上京後は文通
突然死でさよならも言えなかった
化けてでも出てきてほしい
そうでしょ？
えー…
カラカラカラ…

※作中に登場する患者さん・ご家族・職員はすべて仮名であり、本人を特定できないよう配慮しております

もくじ

病棟の司令塔であり皆の精神的支柱。
師長
先輩看護師その２。
大泉
先輩看護師その１。
小平
先輩看護師。霊感があり〝視える〟体質。
志村
後輩看護師。霊感はゼロ。
蒼井
経験16年目の看護師。霊感はあまりないはずだが…。
ゆつき

第1章

病院には怪奇がいっぱい

Fのいる場所

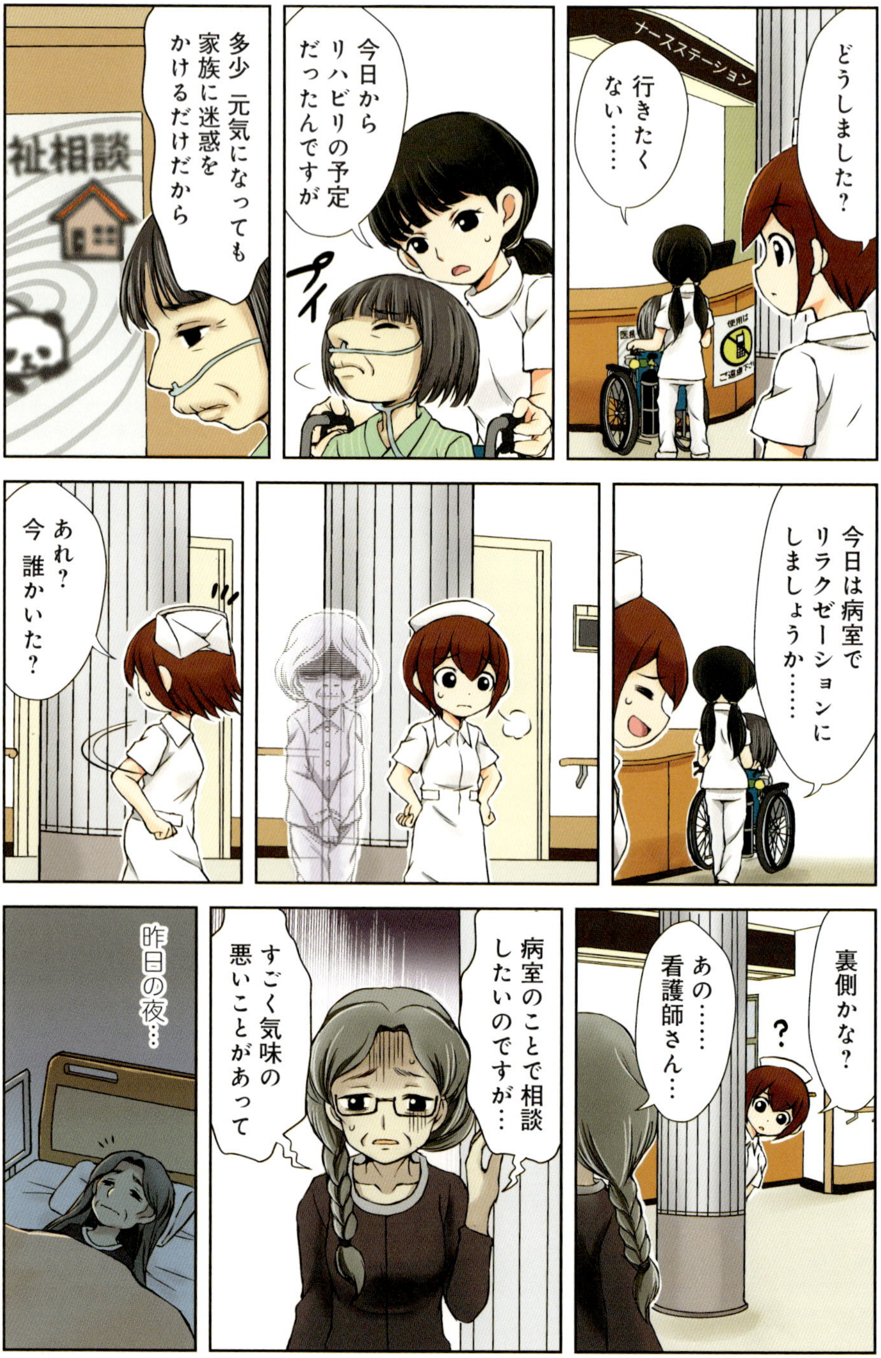
ナースステーション
どうしました？
行きたくない……
今日からリハビリの予定だったんですが
プイ
多少 元気になっても家族に迷惑をかけるだけだから
祉相談
今日は病室でリラクゼーションにしましょうか……
あれ？今 誰かいた？
裏側かな？
？
あの……看護師さん…
病室のことで相談したいのですが…
すごく気味の悪いことがあって
昨日の夜…

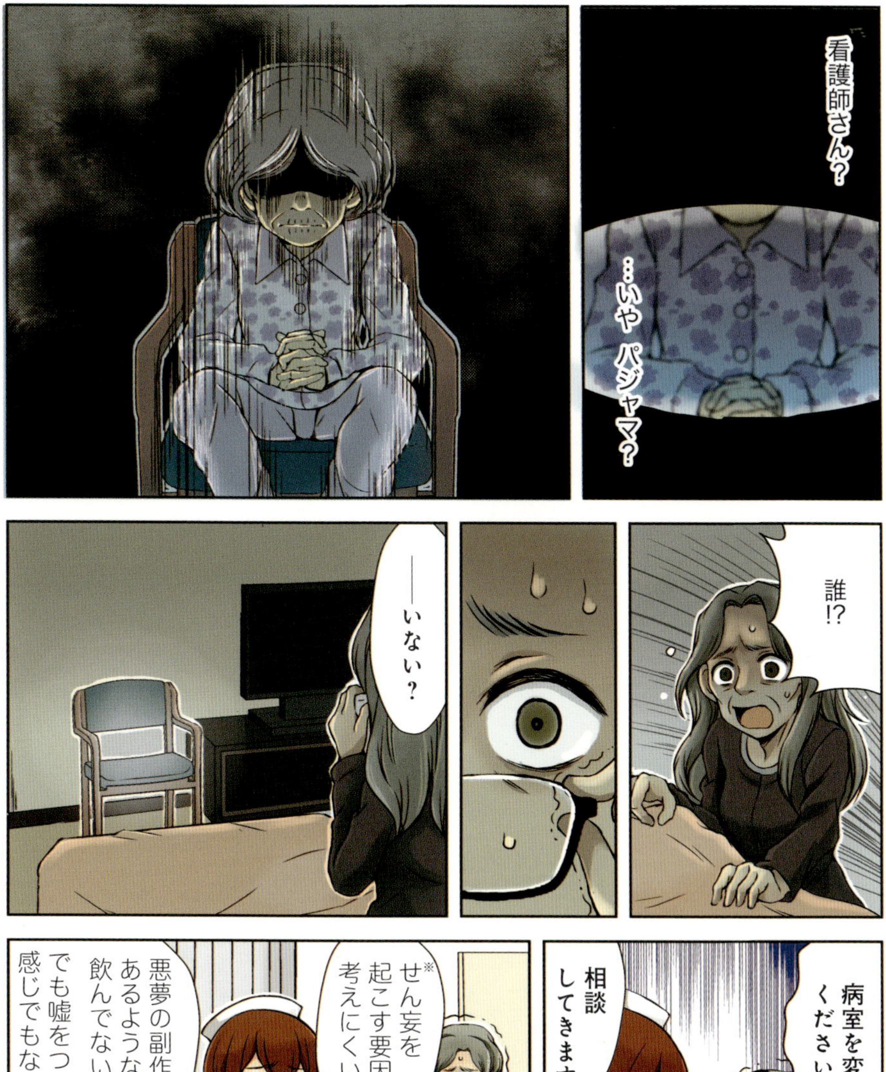
看護師さん？
…いや パジャマ？
誰!?
——いない？
病室を変えてください!!
今すぐ
お願い
相談してきます
せん妄※を起こす要因も考えにくいし
悪夢の副作用があるような薬も飲んでない…でも嘘をついてる感じでもない

※せん妄：突然発生する精神機能の障害。

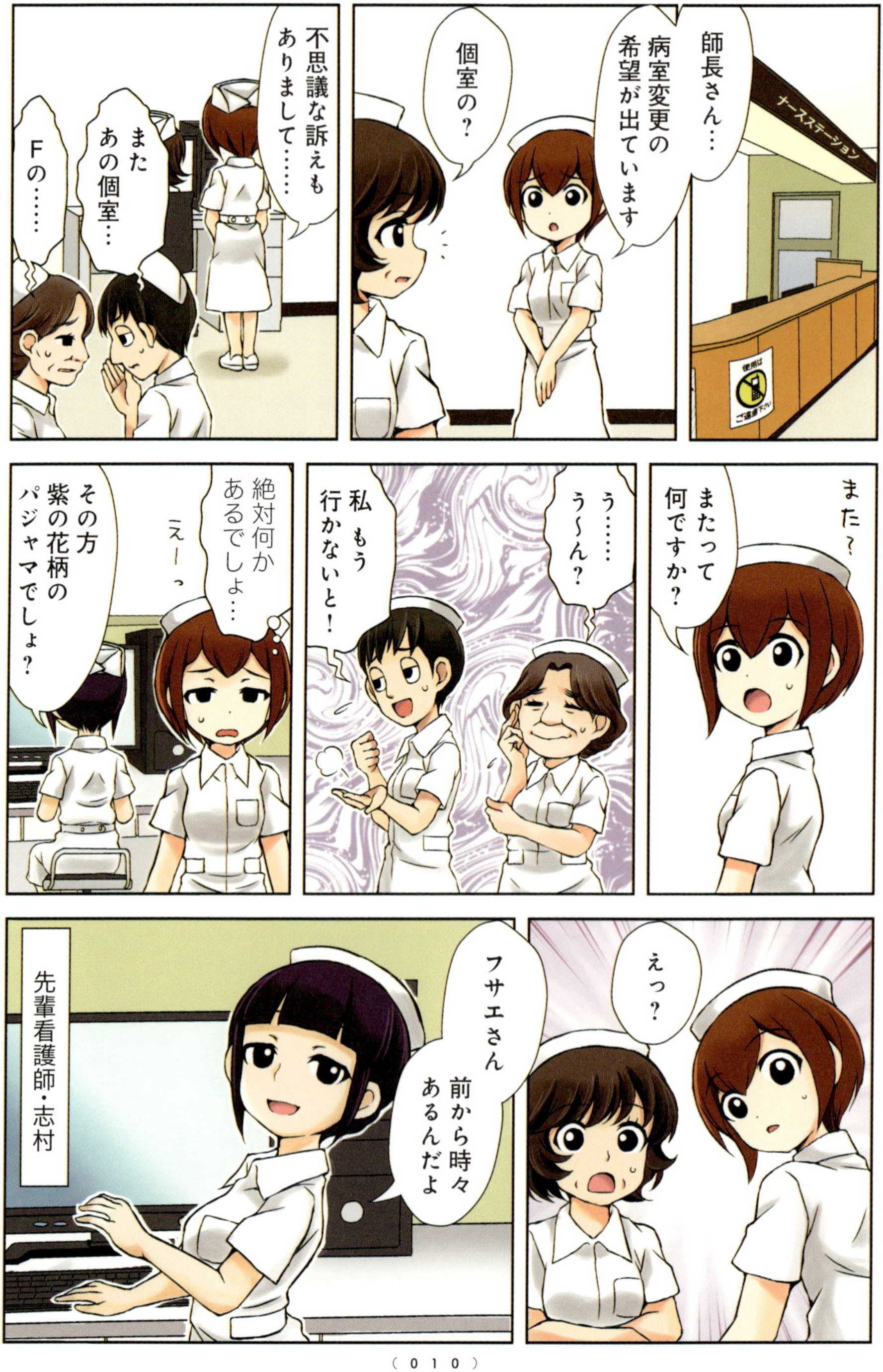
ナースステーション
師長さん…
病室変更の希望が出ています
個室の？
不思議な訴えもありまして……
またあの個室…
Fの……
また？
またって何ですか？
う…… う～ん？
私もう行かないと！
絶対何かあるでしょ…
えーっ
その方紫の花柄のパジャマでしょ？
えっ？
フサエさん前から時々あるんだよ
先輩看護師・志村

なんだ患者様か～
注意してきます！
ふさえ？
つサエ？
どうやって？
8年前に死亡退院された方だけど？
それって…
地縛霊的な…
ぞぉぉぉぉ
お祓いってどこの部署に頼んだら……
ないよそんな部署
気が済むまでいればーーって思うけどね
定位置はそこの柱だけど
時々あの個室に行くみたい
害は与えないよただいるだけ…
ナースステーシ
医療福祉相談
使用は ご遠慮下さい

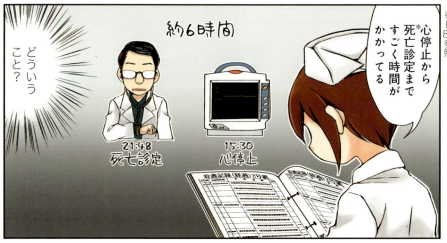

カルテ庫
ずいぶん古いカルテですね
この方ですか？
ありがとうございます
412600
面会に来てるの息子さんばっかり
他にも家族はいるみたいだけど…
フサエ
夫
息子
嫁
パラパラ
心停止から死亡※診定まですごく時間がかかってる
約6時間
15:30 心停止
21:48 死亡診定
どういうこと？

※P82参照

そうよ
大変だったわ
志村さん！
どうしてここに？
カルテ庫に行くのが見えたから…
問題を抱えたお家だったんですか？
息子さんはとても熱心な方だった——
今夜も遅くに面会に来てすみません
母さん洗濯物と雑誌だよ
悪いねぇ
月刊ロザリアン
病状説明の日も
まだなの？
向かっていると…
なかなか仕事が抜けられなくて
家の者もその…なかなか都合が…
息子さん以外の家族が面会に来ることはなかった

亡くなった日も
息子さんに連絡つきません
携帯も会社もダメ……
自宅に電話してみます
連絡は息子さんにって言われてるけど緊急時だし……
嫁と孫がいたはず
……はい
……病院？
連絡してこないでって言ってるでしょ！
ばん
関わりたくないの！
ツーツー
6時間後
お世話に……
なりました……
霊安室にご案内します
…おつかれ

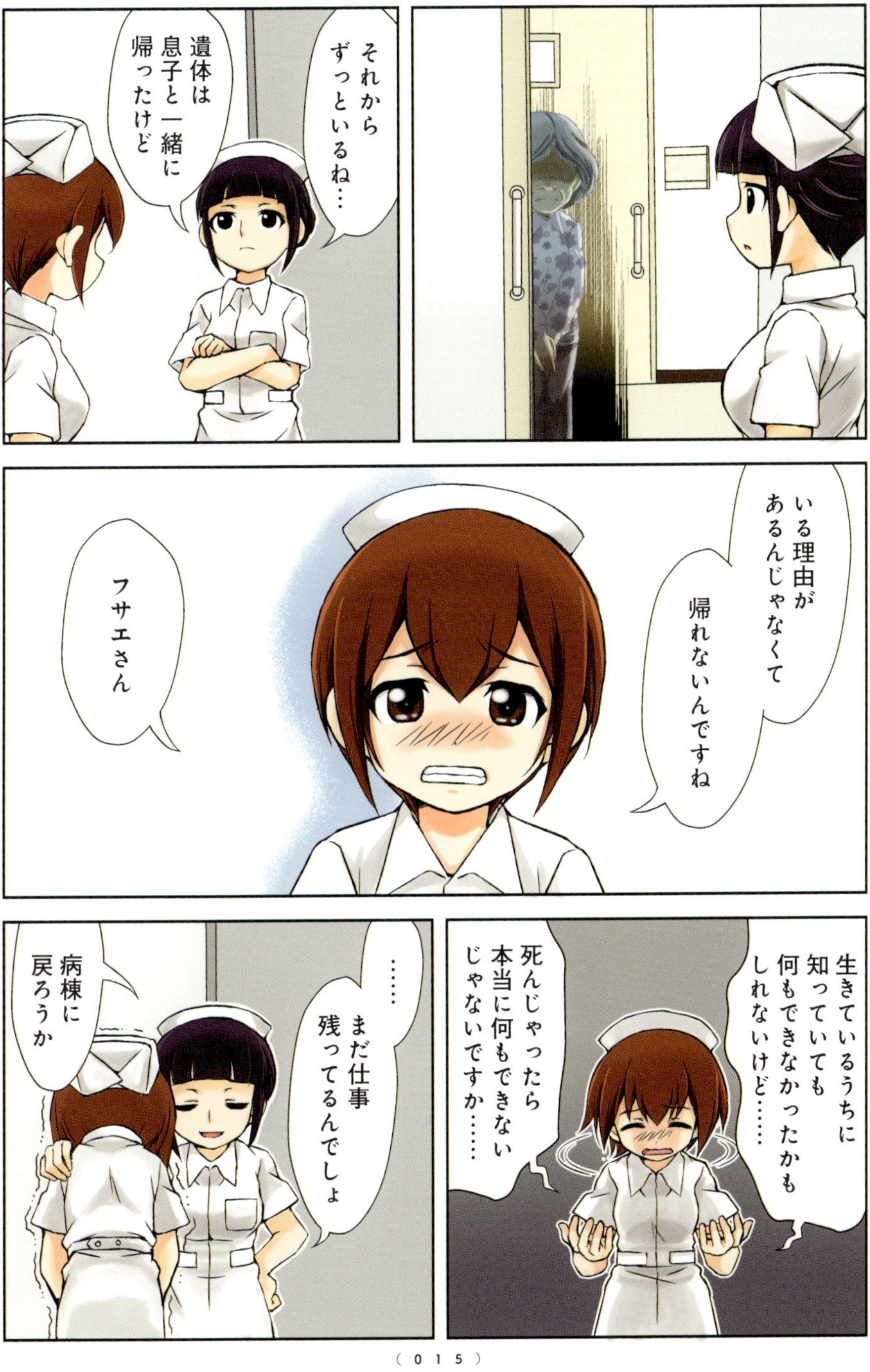
それから
ずっといるね…
遺体は
息子と一緒に
帰ったけど
いる理由が
あるんじゃなくて
帰れないんですね
フサエさん
生きているうちに
知っていても
何もできなかったかも
しれないけど……
死んじゃったら
本当に何もできない
じゃないですか……
……
まだ仕事
残ってるんでしょ
病棟に
戻ろうか

それから……
面談室
使用中
始まっちゃうよ退院面談！
何かあった？
家に帰りたいなんて……
やっぱり言えないよ
たくさん準備してきたじゃないですか
薬の管理
在宅酸素
在宅サービスも今はたくさんありますし
入浴サービス
往診
訪看
ヘルパー
そうかしら…
…そうよね
そう♪
そう♪
もう怖いという感情はなく
柱の前を通る度ご冥福を祈っています

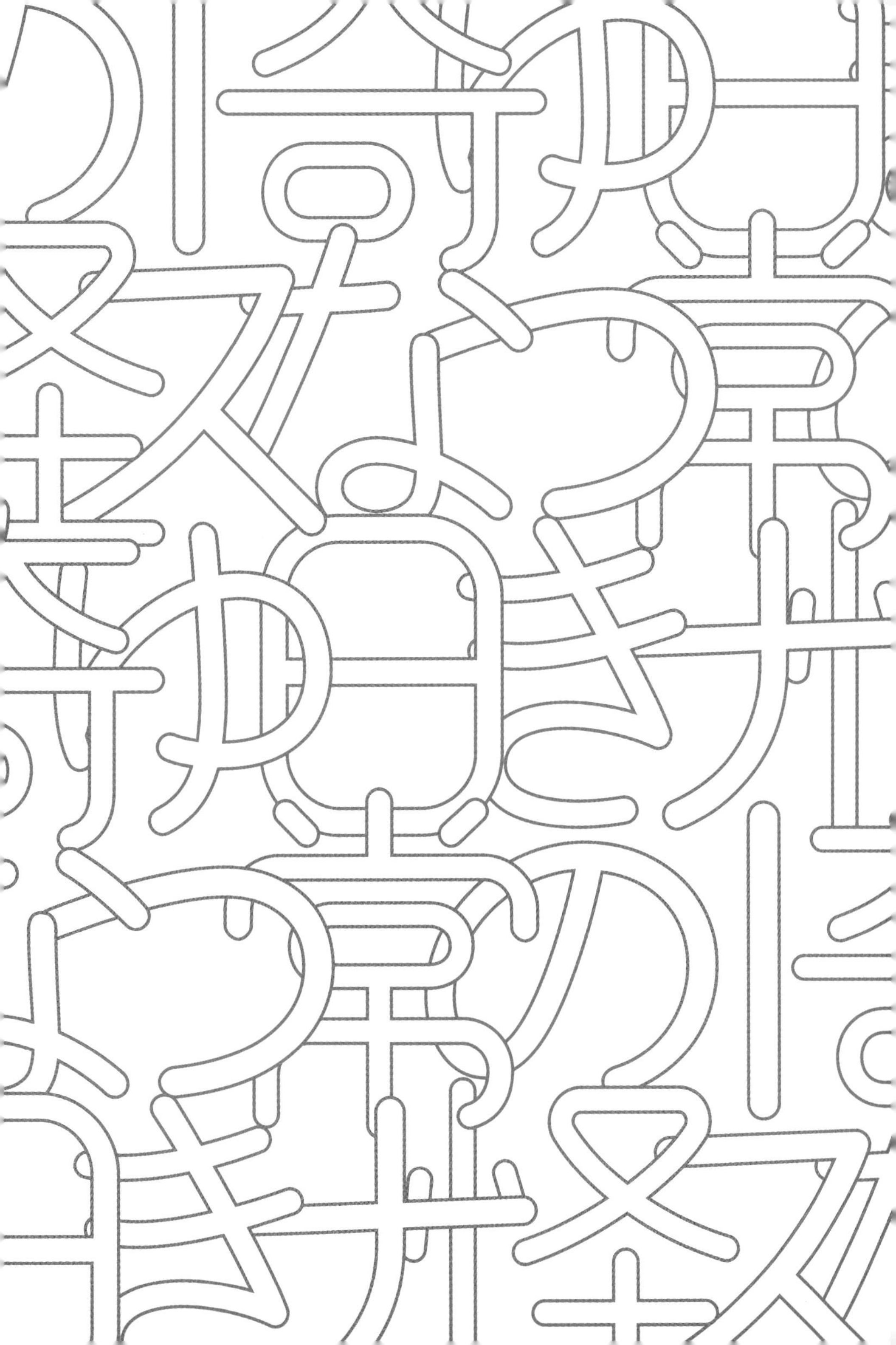

黒い服の男

それはある夜勤の夜のことでした――
ガチャアァ
出て行けって言ってるだろ!!
ガラッ
どうしました!?
小野さん!
出て行け――っ!!
お……小野さん?
出て行け
はぁ
はぁ
ここは病院だぞ!

いったい どうされました？
P.YO!!
いつもの小野さん
ニコニコ
いつも悪いね
いえいえ
平常心！平常心！
この部屋に入って来ようとするんだよ！
そこの黒い服着たヤクザみたいな男！
……誰もいない……
すごい顔でにらんでるよ～
ベッドに戻りましょう
脈は当然速めだけど……
バイタルサインは問題なし
幻覚作用のある薬も飲んでない
テキパキ
早く追い出して
medicine
通常……幻覚には肯定も否定もしないのがセオリーだけど小野さんにとっては事実
何とかしてあげたい！

穏やかな入院生活を守るのも看護師のつとめ!!
…よし！
まずは落ち着いていただこう
怖い思いをされたのですね
私からもお願いしてみますね
怖い… 怖い…
コホン
申し訳ありませんが小野さんが休めませんので…
ご退室願えますか？
ガタガタガタガタガタガタガタガタ

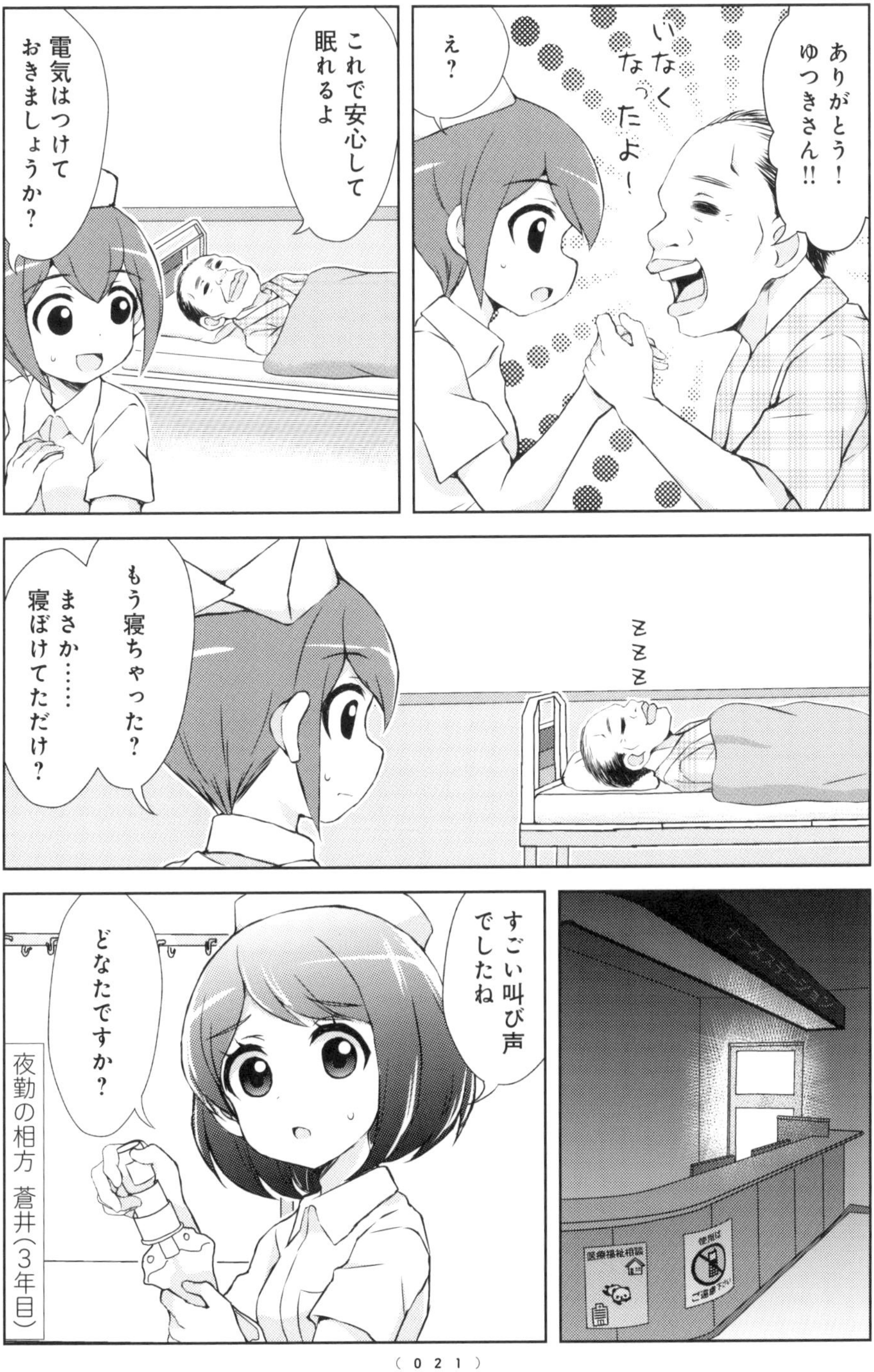
ありがとう！
ゆつきさん!!
いなくなったよ！
え？
これで安心して
眠れるよ
電気はつけて
おきましょうか？
zzz
もう寝ちゃった？
まさか……
寝ぼけてただけ？
ナースステーション
すごい叫び声
でしたね
どなたですか？
夜勤の相方　蒼井(3年目)

小野さんだよ
あの穏やかな小野さんが？
退院間近でしたよね？
変な男が病室に入って来ようとしたんだって！
不審者!?
いや……せん妄っぽい
ナースメモ
せん妄とは……意識障害のひとつで、幻覚や不安・興奮を伴う。夜間に起こることが多く、身体や環境の変化によって誘発されることがある。
今までの入院でもせん妄を起こしたことないですよね
もう病状も改善してて……
幻覚を起こしそうな要因もないんだよ
患者氏名
項目名
結果
pH 7.41
PCO2 43.8
PO2 99.4
HCO3 23
生化・免疫
CRP >0.03
でも何かイヤーな予感がする
ナースの第六感かな
ええ……怖いこと言わないでくださいよ～
ぶるっ
そういう意味じゃないよもっと急変的な……

でも予感じゃ先生は動いてくれませんよ？
だよねぇ～
一報はしておくけど……
とにかく観察を密にするしかないということで巡視した
2:00
……
3:00
4:00
5:00
翌朝――
おはようございます
朝食をお持ちしました
はひ はひ
は～ひ
は～ひ～
は～ひ
はひ
・・・
・・・

小野さんっ!!
ピピ
ピピ
ピ
ロ
リ
ピ
ロ
リ
559
小野 正平様
どうしました?
急変だよ!
すぐ先生に
連絡して!
当直師長さんも!
大至急だよ!

あの……面会でしたらデイルームでお待ちください
これから処置が
あれ……？今そこに……
バタバタ
バタバタ
数時間後救命の甲斐なく
ご臨終です
お父さん…
あなたあああ
おじいちゃん！
小野さんは永眠された——
藤野記念病院

小野さん
亡くなったね
息子さん
いたんだね
息子さん？
そんな方
おられました？
え？
壁際に
黒いスーツの男性
いたでしょ？
診定に立ち会ったの
妻と娘と孫の３人
だけでしたよ？
私は見かけて
ないですけど
ゆつきさん？
ヘナヘナ
黒い服《スーツ》の男だ……
昨夜叫んでた……
昨夜 小野さんが
恐れて追い出そうと
していたのは
死神だったの
かもしれない
小野さん……
どうしたん
ですか？

NORMAL
EARLY
LATE
ボソッ
黒服さんって割とタイミング悪いんだよね…
最終的には霊安室に行くんだけど

痛み
どうですか？
清潔ケア
しませんか？
香坂さん
肺がんの疼痛コントロール
目的で数日前から
入院されている
ずいぶん良いわ
今日は自分でも
拭こうかしら
では私は足浴を
しますね
？
すん
何か変なニオイが
しません？
いいえ？
特には
私の気のせい
ですかね～～
背中を
拭きますね
体に傷も
ないし
ゴミもない
よね……

汚物室
どうしたんですか
顔色悪いですよ？
あの独特のニオイの中で眉ひとつ動かさないなんて……
君は大したナースだよ
ニオイ？
そんなのしました？
すっごく独特なニオイがしたでしょ!!
キョーレツな…
えぇ～～
香坂さんの病室と比べれば……
こっち《汚物室》のほうが断然臭いますけど
ベッドパンウォッシャー
蓄尿器
汚物槽
ゴミ
使用済みタオル
使用済みオムツ
便尿吐物なんて比じゃないよ！
金魚鉢を濃縮したような 何とも言えないニオイ！
？
ふふ……
ゆつきも嗅げるようになったんだ
あの
ニオイを

何かが腐って発酵したようなニオイでしょ？
志村さん！
死が間近な人が発するニオイだよ
私の経験上、ね
先生に報告しなきゃ
でも体にはそんな兆候ないですよ？
そうだよ
何の科学的な根拠もないよ
うちらの気のせいかもしれない
ただこのニオイがしたら数日のうちに亡くなってしまう
そんな経験をたまたま何度もしてるだけ……
そんな……
もちろん言えないよ確証もないのに言っても不安にさせるだけだしね

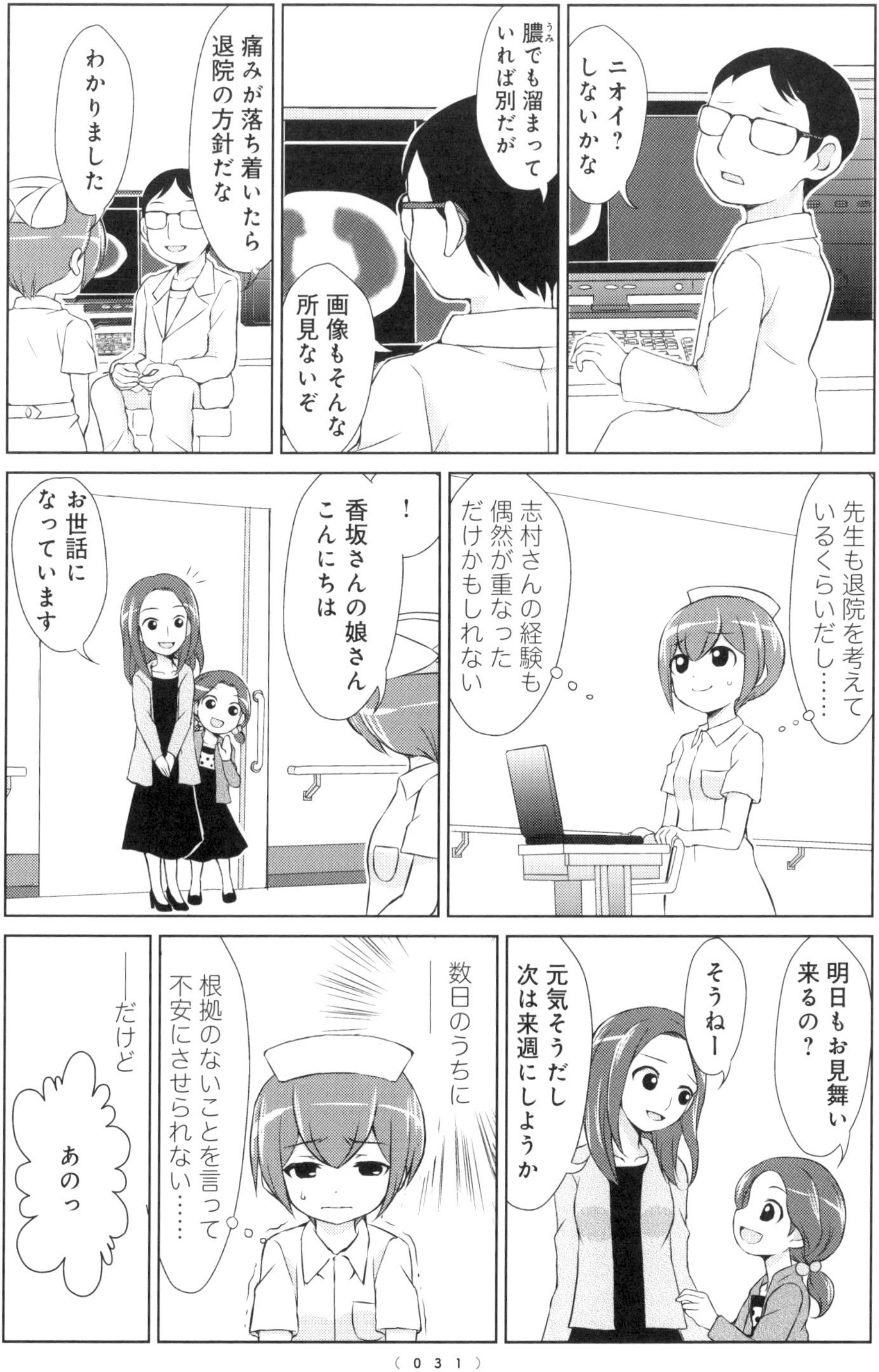
ニオイ？
しないかな
膿《うみ》でも溜まっていれば別だが
画像もそんな所見ないぞ
痛みが落ち着いたら退院の方針だな
わかりました
先生も退院を考えているくらいだし……
志村さんの経験も偶然が重なっただけかもしれない
！
香坂さんの娘さんこんにちは
お世話になっています
明日もお見舞い来るの？
そうねー
元気そうだし次は来週にしようか
数日のうちに——
根拠のないことを言って不安にさせられない……
——だけど
あのっ

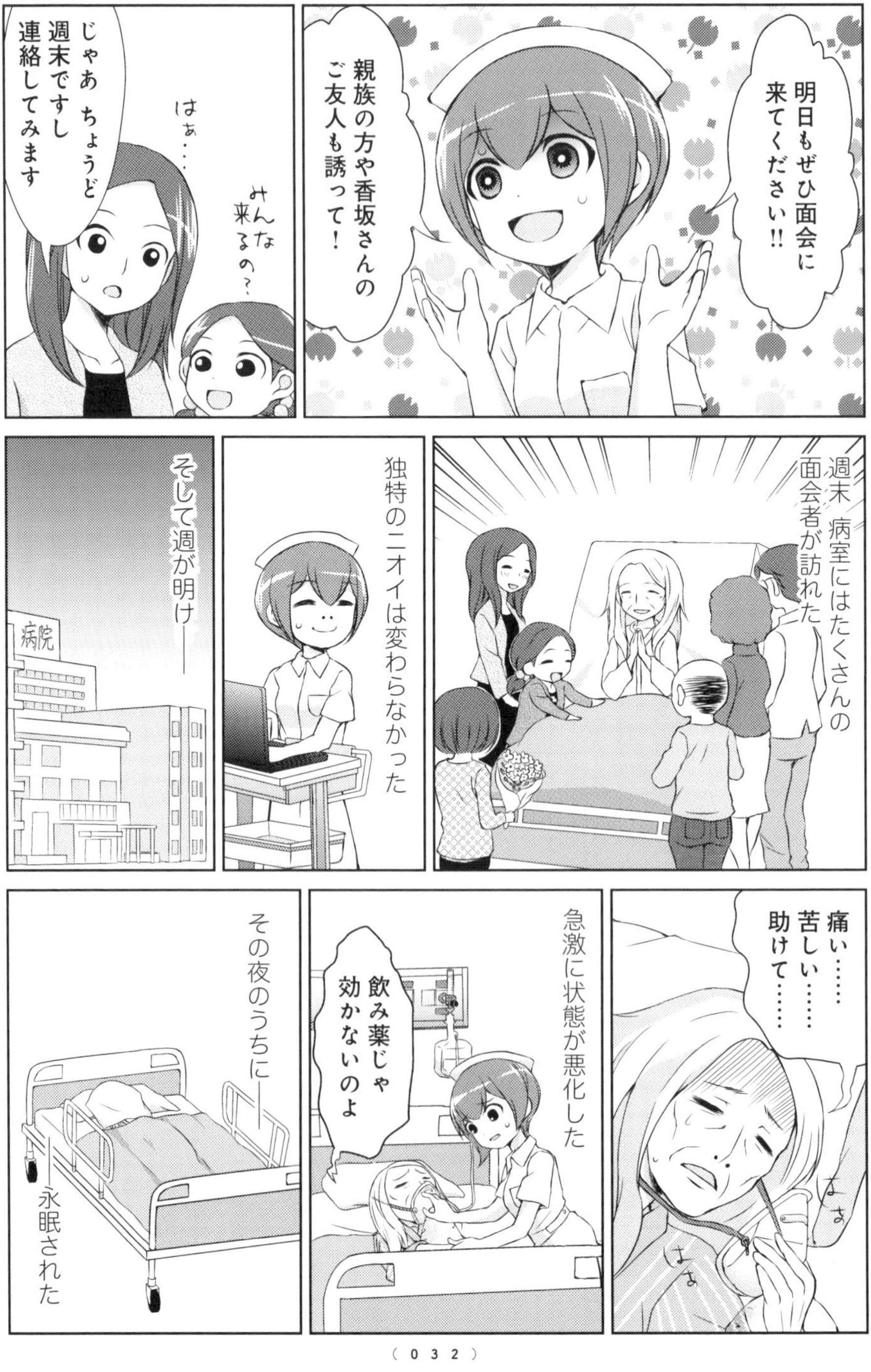
明日もぜひ面会に来てください!!
親族の方や香坂さんのご友人も誘って!
じゃあ ちょうど週末ですし連絡してみます
はぁ・・・
みんな来るの?
週末 病室にはたくさんの面会者が訪れた
独特のニオイは変わらなかった
病院
そして週が明け——
痛い……
苦しい……
助けて……
はぁ
はぁ
急激に状態が悪化した
飲み薬じゃ効かないのよ
その夜のうちに——
——永眠された

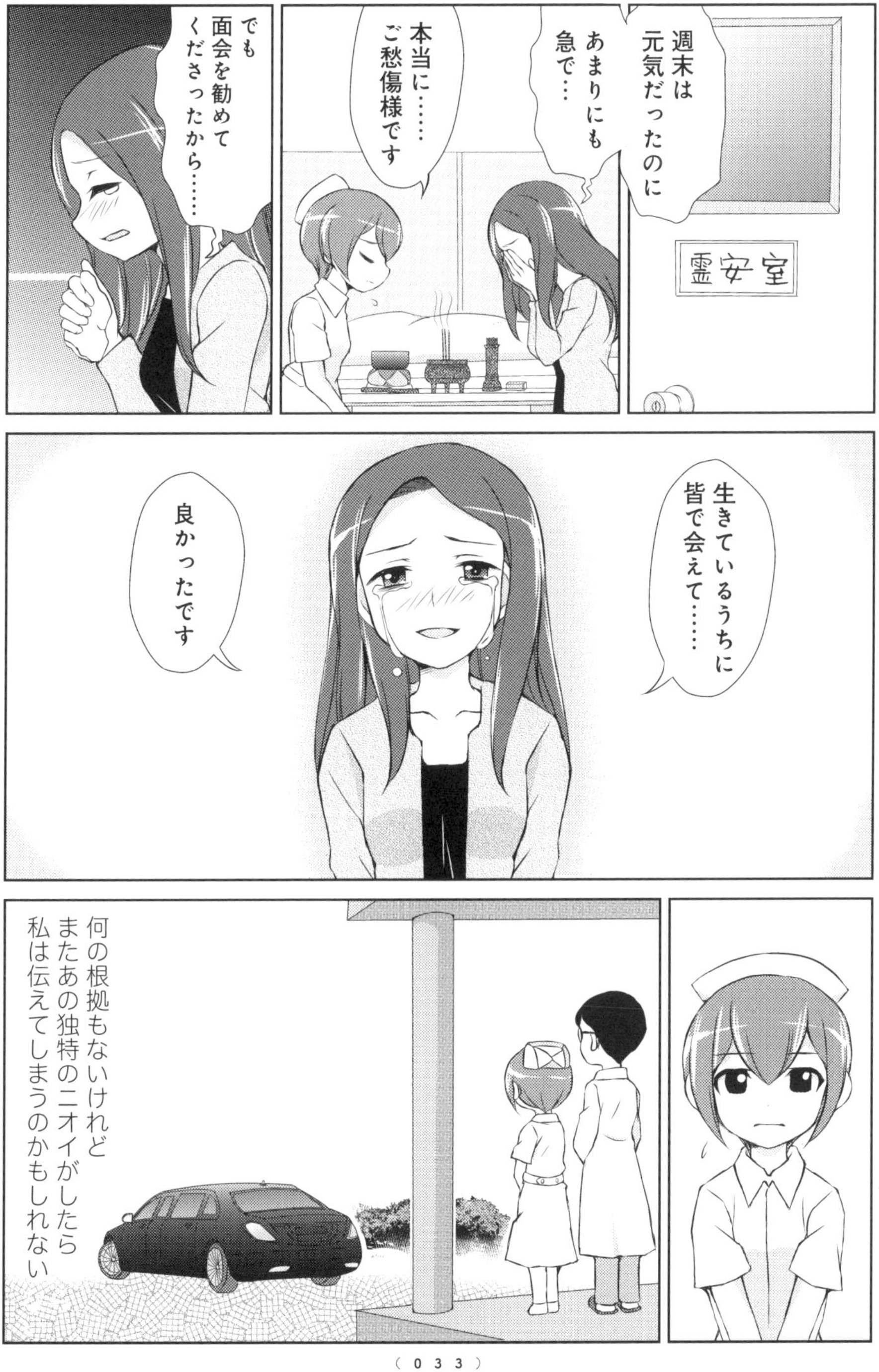
霊安室
週末は元気だったのに
あまりにも急で…
本当に……ご愁傷様です
でも面会を勧めてくださったから……
生きているうちに皆で会えて……
良かったです
何の根拠もないけれど
またあの独特のニオイがしたら
私は伝えてしまうのかもしれない

あいさつに来た患者

はぁ…
荷物の整理は終わりました？
ええ 何とか
それよりさっき男の方がいらして
失礼
今日から入院ですかな？
私も治療で来てましてね
申し遅れました
田中と申します
はは ぁ…
それではまた！
この女部屋にですか!?
ハレンチな！
嫌な感じではなかったのよービックリしただけで
病室はプライベートな空間なのに！
注意しないと！

[治療方針]
DNR
本人とご家族に確認
[掲示板]
ご家族より急逝の連絡がありました
退院にむけ、週明けから内服自己管理始めます。準備・殻確認、確実にお願いします。
[ご家族からの希望]
アルコール禁止
義歯あり
食事の牛乳は
ヨーグルトへ変更
…亡くなってる
ヒィイイッ
？
あー なるほど
亡くなった患者が来るの 割とあるよ
空きベッドで点滴待ってたり
くつろいだりしてるよね
生前の習慣じゃない？
死後も来たい場所ですか!?
病院って!!

頻出スポット

暗くてジメジメした所って
気味が悪いですよね
淋しくて静かな場所も
ぞくっ…
…ってしまいませんか
ある時 志村さんに聞いてみた
よく"いる"場所ってあるんですか？
公衆電話 特に霊安室の近くのボックスが人気だね
喫煙所 特に誰か喫煙してる時に多いよね
桜の園 特に満開の頃が増えるね
ここは日当たりも良いし 今日は演奏会もあるから
超満員
曲目に鎮魂歌があるのはもしかして……
生きてても死んでもそう変わらないよ
気持ちが落ち着く所にいたいでしょ？

うつるさん

以前勤めていた病院のトイレでの話
出ました？
はい
手を洗っていきましょう…？
誰もいない？
夜勤の巡視中
暗いと危ないので電気つけますね
ぱちっ
おつかれ
ぎゃあああああ
ナースス
ああ「うつるさん」ねみんな見てるよ
介助中や夜勤でよく見ますよ
ねぎらってくださってるんですかね～

天井から聞こえる足音

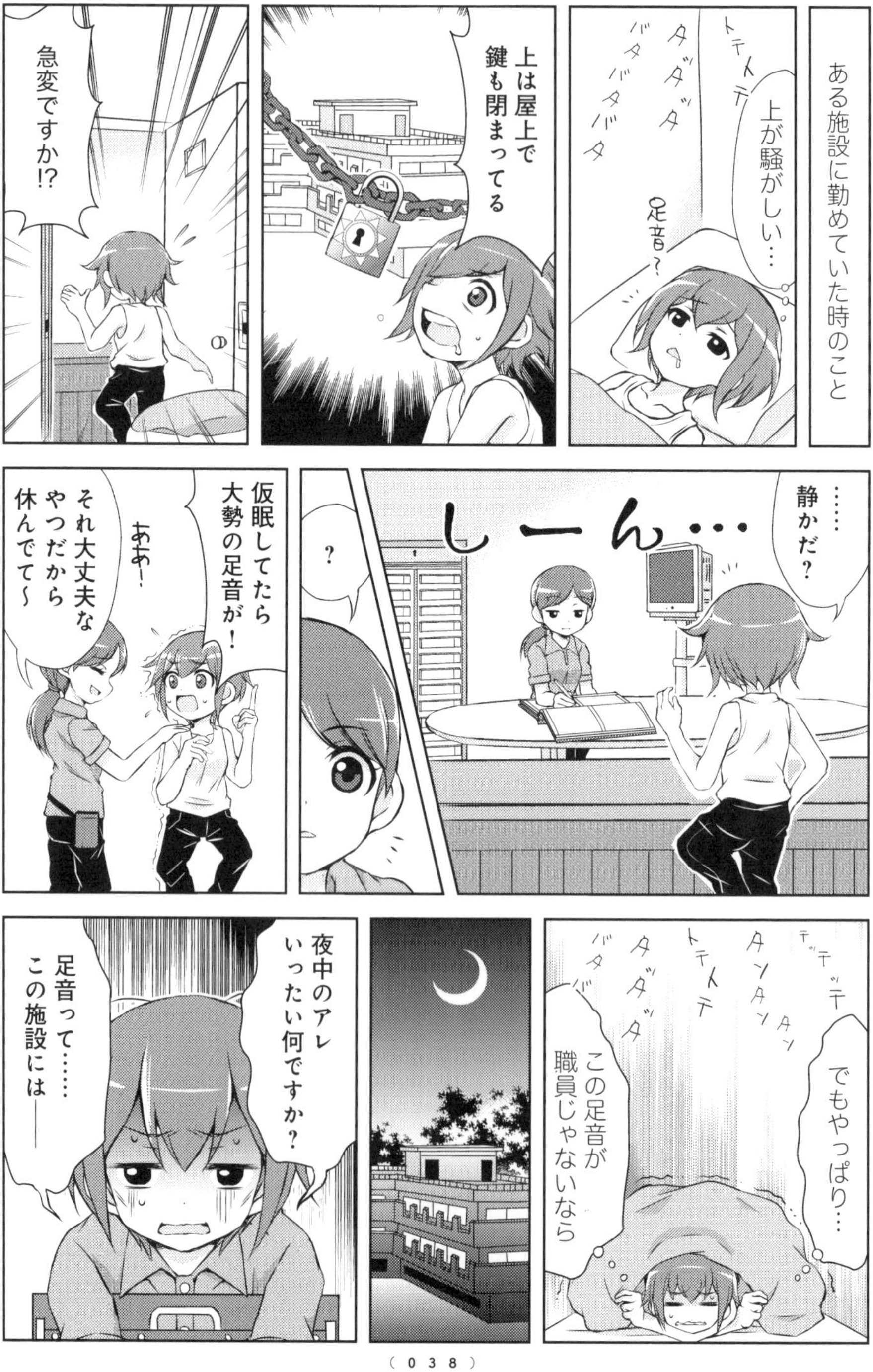

ある施設に勤めていた時のこと
トテトテ
タッタッタ
バタバタバタ
上が騒がしい…
足音？
上は屋上で
鍵も閉まってる
急変ですか!?
……
静かだ？
しーん…
？
仮眠してたら
大勢の足音が！
ああ！
それ大丈夫な
やつだから
休んでて～
テッテッテ
タンタンタン
トテトテ
タッタッタ
バタバタ
でもやっぱり…
この足音が
職員じゃないなら
夜中のアレ
いったい何ですか？
足音って……
この施設には——

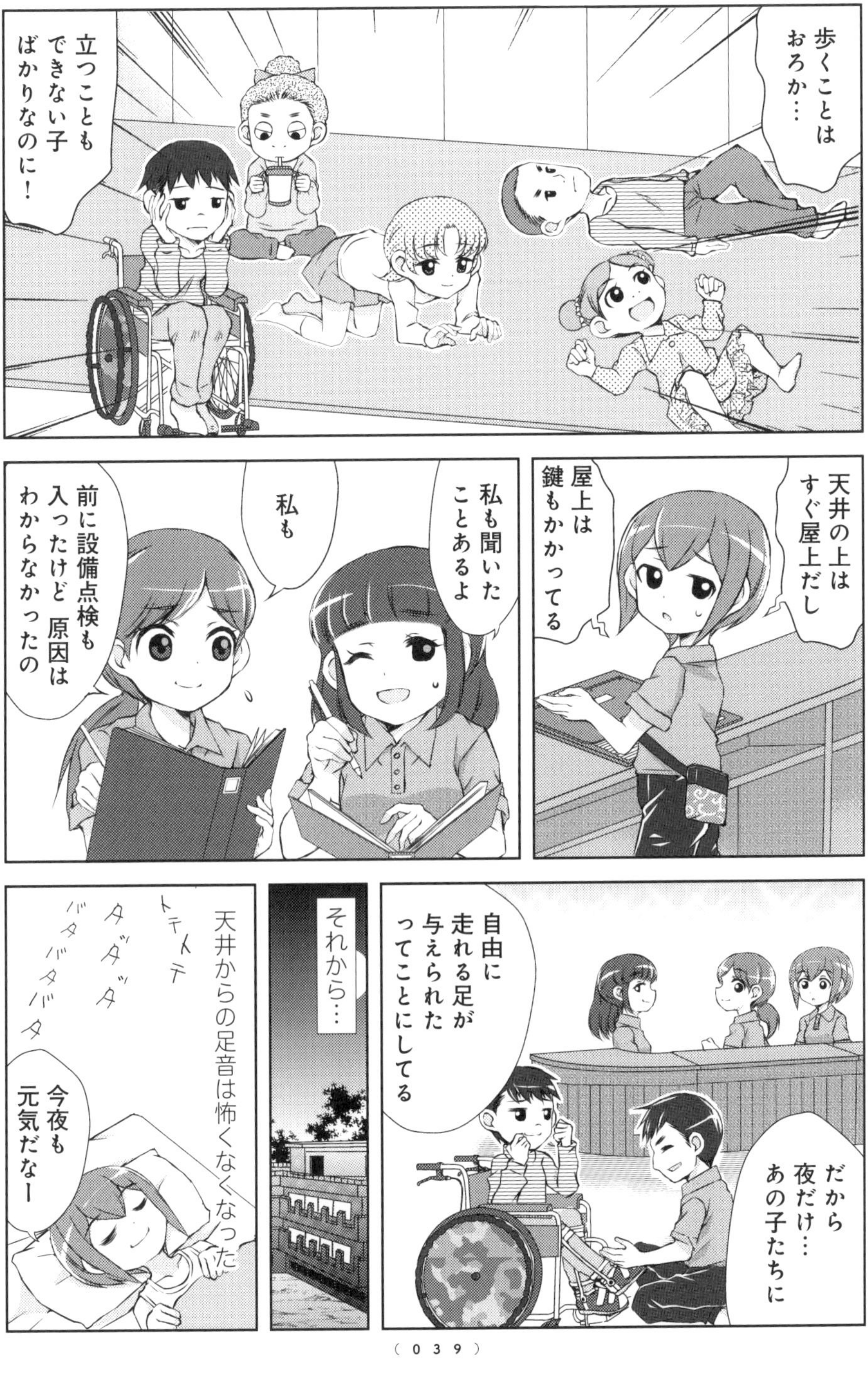
歩くことは おろか…
立つことも できない子 ばかりなのに！
天井の上は すぐ屋上だし
屋上は 鍵もかかってる
私も聞いた ことあるよ
私も
前に設備点検も 入ったけど 原因は わからなかったの
だから 夜だけ… あの子たちに
自由に 走れる足が 与えられた ってことにしてる
それから…
天井からの足音は怖くなくなった
トテトテ
タッタッタ
バタバタバタバタ
今夜も 元気だなー

いたずら好きの子ども

渋沢さん血圧を測りますね
チラ
チラ
あの子たちはあんたの子か？
子ども？
……全く躾《しつけ》がなっとらん
渋沢さん？
静かにしないか！
喝！
やればできるじゃないか！
やっと静かになったな！
じゃあ仕事に行ってくる
今日はお休みですよ～

せん妄って感じじゃないけど…
子どもなんていなかったし
ナースステーション
渋沢さん幻覚が見えています！
渋沢さん？奥の個室の？
あの病室「子どもがいる」って訴え多いのよ
大勢が駆け回る
窓一面にいる
しかもなぜか少し認知機能が良くなるの
※メンバーチェンジあり
前に入ってた女性からはそんな訴えなかったのですが…
なぜか 男性ばかり子どもを目撃するのよね
この病棟は子ども要素全くないけどね
診療科的に…
過去に事件とかもないですよね

数日後
今朝は何だかシャキッとしてる
老眼鏡もつけてる
昨日の夜はよく眠れましたかね
いいや あの子ら消灯過ぎても騒いでたよ
まだ続いてるのか
こんにちは お世話になってます
ご迷惑をかけてませ……
あ コラ！走り回ると危ないぞ
ここは病院だぞ！
お父さん…どうしたの？
騒ぎ出したから注意したんだ
家では幻なんて見えたことなかったのに
物忘れと迷子はしょっちゅうでしたけど
子どもが見えるのはやっぱり認知症の進行？

入院の影響でしょうか…
ご迷惑かけてないですか？
興奮や治療の拒否はないので大丈夫ですよ
今のところ
孫の誕生日が来週末なんだけど退院できるかな
点滴も今日で一週間か
！
今日の着替えは看護師さんが？
いいえ…それと文庫本も着実に進んでます
今日が何日かわかりますか？
11月22日だろ？
大勘荘殺人事件
お父さん！覚えてるんですか!?
日付が合ってるの久しぶりですよ！

怪奇がセラピーになるなんて！
アニマルセラピーならぬ
体を拭きませんか？
ああ 背中を頼むよ
!!
何ですか？この小さい手みたいな痕…
ああ 昨日の夜な 厳しく叱ったらやり返されてな
………
病室を変えましょう
？
認知症が軽くなっても祟られるんじゃ怖すぎる
この後 即座に病室を移動していただいた

それから数年後…
改修工事のために
倉庫を整理したところ
子ども用の沐浴の道具が
発見されたと
元同僚から連絡がありました

管理棟の怪

※病院長や事務方がいる棟

!?
誰もいない？
ハイヒールの足見えましたよね？
ええ……
急変じゃなくて良かったわ～
ドアも開くようになったし
気にするのそこですか？
あら画鋲が…
画鋲が向かってきた話もあったわね
夜間当直の時だって言ってたかしら…
管理棟での怪奇は病棟でのものとは一味違うようです

あの世から戻った男

心肺停止状態から復活した患者に聞いた話
この前 心臓が止まった時
あの世に行ってたと思うんだ
そうなんですか？
きれいな花畑が広がっていて遠くに建物があって
眺めていたら背中をすごい力で引っ張られた
気がつくとベッドだったよ
シーツを替えてもらってる時の感触と似てるんだよなぁ
そう……なんですか!?

黒い人の噂

全国から看護師が集まる研修にて
お勤めの病院に怪談ってあります？
う〜ん…あったかなあ
大した話じゃないよ〜
聞いた話でよければ…
隅のほうに黒い人が座ってるってご家族から言われたことあります
A病院 ICU勤務
※徐脈《じょみゃく》になった患者が黒い服の男が腕を放してくれないって言ってたよ〜
B病院 外科勤務
黒い影が廊下を横切るのは定番かな
C病院 緩和ケア病棟勤務
私も
俺も
黒い人って全国にいる？

※P57参照

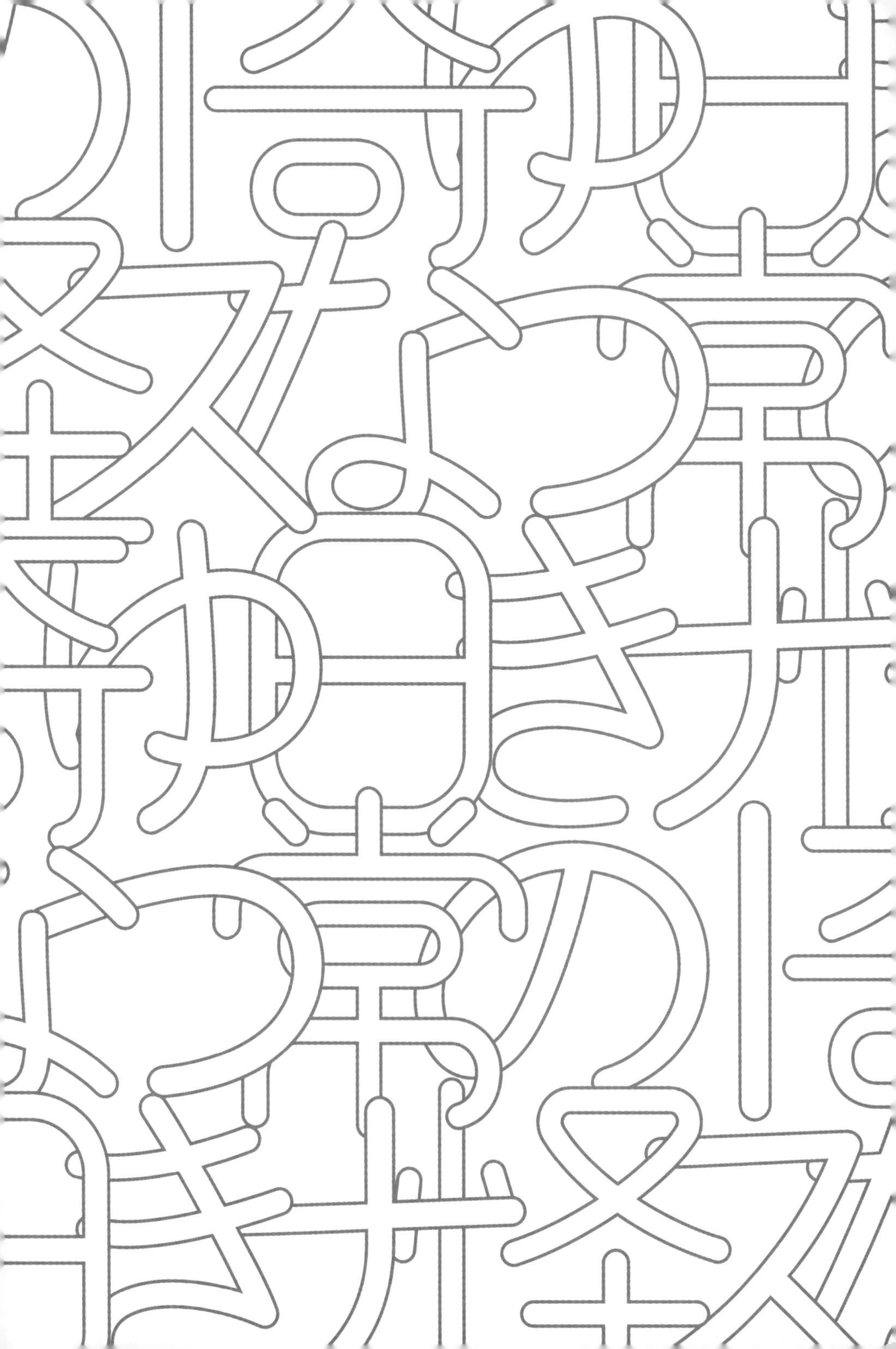

第2章

ナースの怪奇な初体験

ゆつきの初体験

看護師になって4年目
故郷で働いていた頃の話
佐藤さんには
あの症状を聞いて
山田さんには
副作用を確認して
それから…
えーと……
小児科とは
違った緊張感…
病室に入る時の
第一声が緊張する
お…おはよう
ございます
本日担当の
ゆつきです
え～今日は
あんたかぁ
お手柔らかに
頼むでぇ～
新作の手品
できよった！
見ていきや！
ゆつきさんも
本邦初公開！
なんと！
左手の親指が
手から離れ……
って元から
指ないやろ！
ええかげんに
しなさい
アホー
おもんないわ
か……
関西ノリ…
苦手…

だけど…楽しそう
くすっ
おウケた
オレな周りの人はみーんな笑《わろ》うてるのがええねん！
ゆつきさんもやで！この前手ぇさすってくれたんほんまありがとう
いえいえ普通のことです
ナースステーション
患者さんから励まされて…
ほんま半人前や
ゆつき！点滴室の補充まだなん!?
トッロイなぁ！吸入器の消毒もまだやろ！
すみません食前薬の確認中で…
そんなん後や！皆迷惑してんねんで！
はぁ…

もうこんな時間……
輸液セット
100個入り
まだ休憩入ってへんの？
トイレ行けるだけ恵まれてるわ～
水分だけでも取りゃ
吸入薬の準備まだで
新人の頃なんて休憩したことない
13時着の検査行かな
その前に食後の薬持って行かないと
ルート確保して検温して前投薬……
あれ？ カーテン閉まってる
珍しい
お薬持ってきました…
失礼します
星野さん!?
大丈夫ですか!
ちょっと後にしてもろていい？
ゆっき！ まだ検査出してへんの!?
そんな状況じゃ…

あれ？星野さん？
星野さん！
星野さん！
何 大きい声出してるん…
…ッ!?
退き！
いつからこんな状態やったん？
報告されてへんけど？
だってさっきまで普通に話してて…
朝の検温も問題な……
もういい！
しどろもどろ
あんた 看護師向いてへんで！
先生呼んで！
聞こえますか！
血管確保します！
救急カート持ってきました

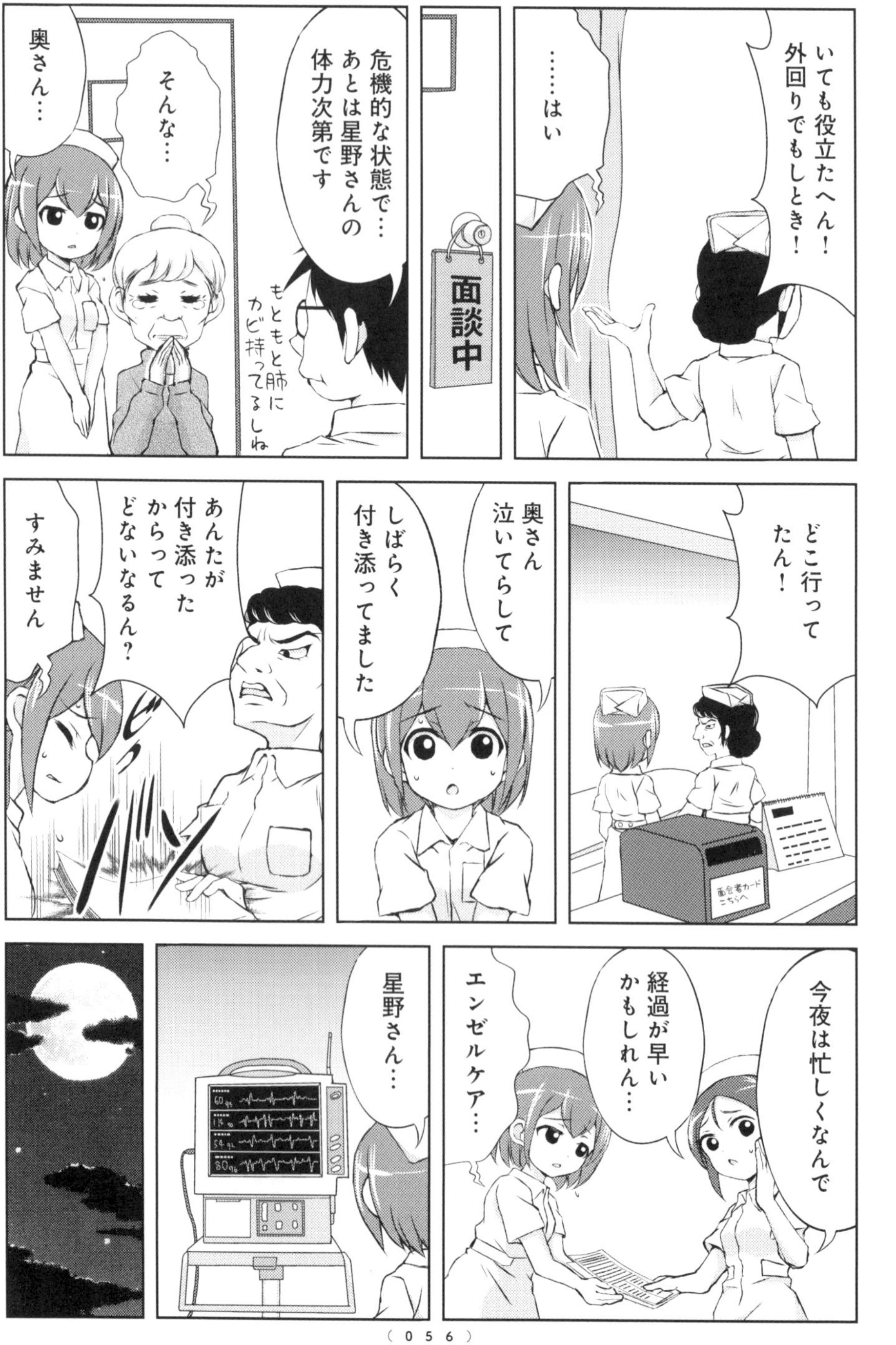
いても役立たへん！
外回りでもしとき！
……はい
面談中
危機的な状態で…
あとは星野さんの
体力次第です
もともと肺に
カビ持ってるしね
そんな…
奥さん…
どこ行って
たん！
面会者カード
こちらへ
奥さん
泣いてらして
しばらく
付き添ってました
あんたが
付き添った
からって
どないなるん？
ビクッ
すみません
今夜は忙しくなんで
経過が早い
かもしれん…
エンゼルケア…
星野さん…

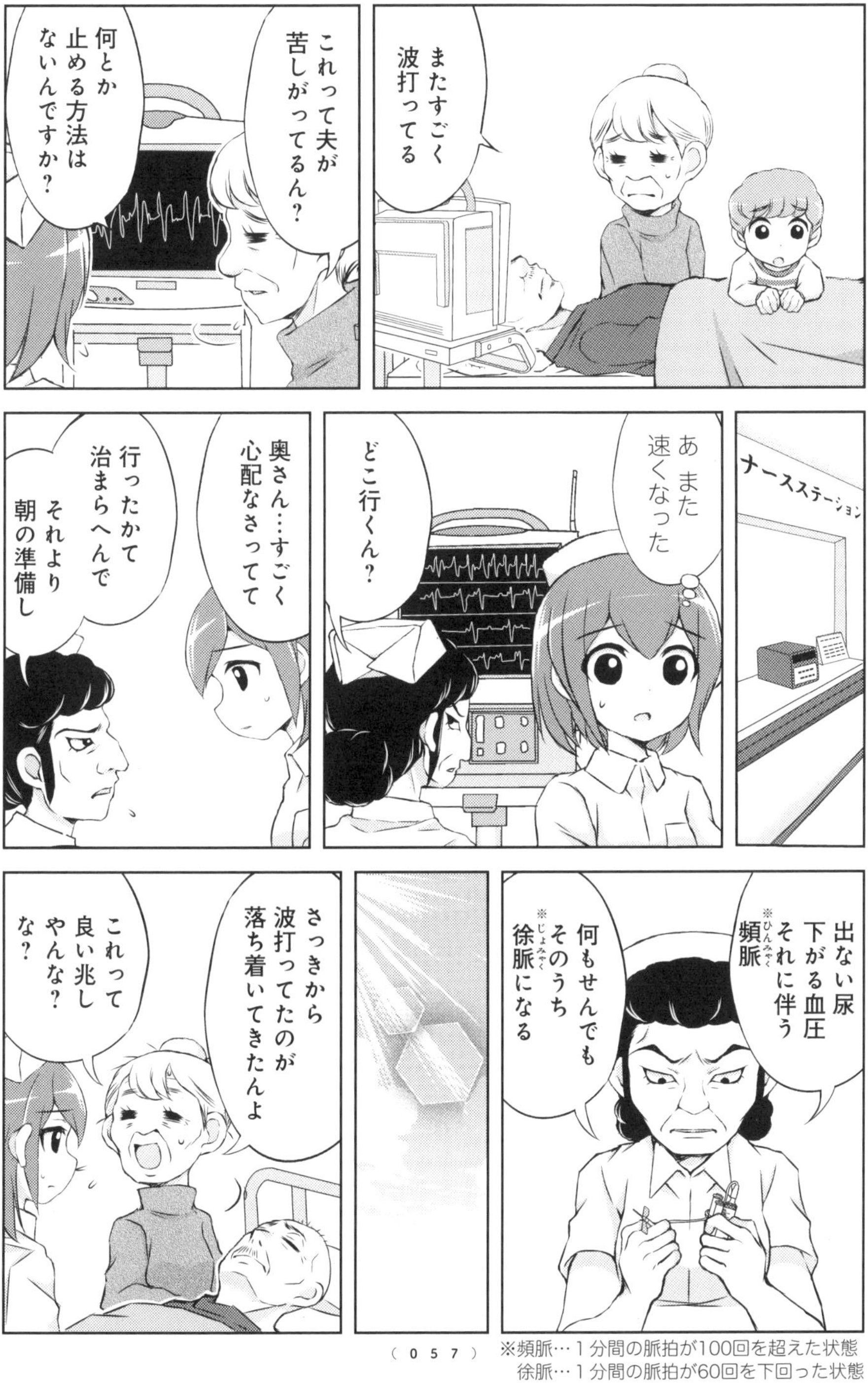

※頻脈… 1分間の脈拍が100回を超えた状態
徐脈… 1分間の脈拍が60回を下回った状態

ピーーー
なんで？なんで？
さっき看護師さんが説明してくれてたやん
心臓止まったんよ…
最期の診察は皆で聞きたいんです
お母さん…
先生呼ぶの…待ってもらえますか
はい相談してきます
親父が危篤やって！
ドタバタ
親父ぃ！
ばたん
あら！また心臓が動き出したの？
ピッ
！
いえ……残念ですが

立ち会いたい人は揃われました？
どっさり…
あと友達と孫といとこがまだ…
もうキリがないので始めてください
それでは最期の診察を行います
瞳は光に反応しませんし呼吸や心音も聞こえません
心電図も平坦で……
じいちゃん!!
ドタドタドタ
生き返った？
ピッ
ピッ
まさか…
ええと…これはその…

皮膚に流れる微弱な電流と人の出入りによる振動の影響でこのような波形が…
豊さん！
ピッ
ピッ
ピッ
ええとですね！
今のは心臓の動きが再開したわけではなく…
何だこれ…
このように心臓の動きは停止しておるので…
わかってます
そんな人でしたから
手品マジック
いくつになってもいたずら好きで
笑ってお別れしないとね
手品マジック

あれから十数年
少し基線が揺れるような
ことはあっても
あの時のP波のような波形を
亡くなった後の心電図で
見たことはありません…

P波とは…

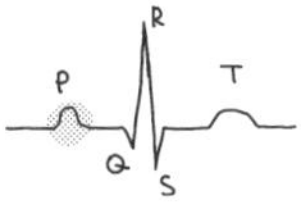

これから心臓が動き出すよー！
という最初の刺激です

女房の薬

父の家に残っていた薬持ってきました
お預かりします
これは使用中
これは中止中
東京 花子 様
朝食後
誰の薬!?
お持ちいただいた薬別の方のが混ざっています!
去年死んだ女房の薬だ
全部処分したと思ったのに…
女房のへそくり!
女房のズロース!
・・また来てくれた
その薬を見つめるまなざしはとても優しかった
…また?よくあることなんですか?
間違って飲むと命に関わる薬も入ってますが…
…処分をお願いします

初めての人

初めての時はガラにもなく泣いちゃってね
ええ…私も
一緒に花畑に行こうって言われたわ
ぐす…
はぁ…
何の話ですか？
コイバナですか!?
初めて看取った患者の話だよ
何言ってんの
いつまでも忘れられないものね

霊感ナースの“視える”理由

ゆつきも視えて困ってんだとばかり……
非常に興味深いお話でした…！
私は就職してから視えるようになったから
ゆつきも同じ悩みを抱えてるのかと
視えるのって生まれつきじゃないんですか？
違うよ～ハッキリ視たのなんて1回きり
詳しく聞かせてください!!
全然大した話じゃないよ…
小学生の頃林間学校で…
何か出そうだな
後で探検しようぜ
何を言ってるんだか
普通の林……

何……
今の??
どうしたの?
大丈夫?
大丈夫 大丈夫
ちょっとよろけた
気のせい…
気のせいだよ
おいしいね
林間学校が
終わって数日後
林間学校写真
大300円
小50円
ざわ…
ざわ…

ヒイッ
え!?
この目だ
あの林で見た目だ!
ただこれっきりで何事もなく毎日を送ってたんだけど
病院に初出勤した日…
案内いくよ～
何これ…
どうしたの?顔色悪いよ?
えっと…あの…すみません
その何かは看護師を続けていくうちに
年々 形がはっきりしてきた
今まで誰にも話したことなかった
志村さん……

病気を疑ったこともあるよ
【特徴的な幻視】
人でないものが人に見えたりする（パーキンソン病 レビー小体型認知症 など）
小さい虫が見える（アルコール依存 など）
模様や風景が見える（シャルル・ボネ症候群 など）
すみません……いろいろ聞いてしまって
本当に悪かったと思ってくれてる？
え…ええ もちろん…
レム睡眠行動障害はレビーやパーキンソンの非運動系症状……つまり寝言を言う可能性がある
あの…それが何か…
今夜は朝まで付き合うよね！
もうやめたほうがいいですよ～
すごい量飲んでる
何言ってるの！
私が寝言を言ってないか観察するの！
ええ～
異常の有無を確認するのは看護師のつとめ！

ホントはこういう話をするの3人が良いんだよね
何ででですか？
いまだにその理由は教えてもらえない

霊感ナース、緩和ケア病棟へ

緩和ケア病棟だからってあの何かが特別多いわけじゃないのか
ちら
ちら
ごめんね~初日なのにドアが故障してて
ナースステーション
使用はご遠慮下さい
荷物はここね
ヒソヒソ
ヒソヒソ
あの様子はあんまり良い話じゃないよね
申し送り始めまーす
今日から異動の志村さんよ
志村と申します
今年で4年目です
ご指導お願いします

異動から数週間後
レクリエーションで演奏会がラウンジで開かれる日
演奏会
○○月××日△△時～
このイスはどこに？
よろっ
おっと…
大丈夫？顔色悪いよ？
いぇ大丈夫です
もうすぐ開演なので患者さんに声をかけてきますね
始まるまで少し休んだら…
ホント大丈夫です！
無理しないでよ～
言えないよ…
ここが何かでいっぱいだから離れたいなんて

梅原さん失礼します
こんこん
もうすぐ演奏会が始まりますよ
今日はやめておくわ
雨音がとても綺麗だから
楽しみにされてませんでした？
ええ……
そのアルバム
夫よ
…あの日も雨だった

結婚して3年目
夫は結核で
入院していた
ただいまー
——と言っても
一人なんだけどね
何で結核に
なっちゃったの…
早く一緒に
暮らしたいよ
早く元気に
なってよ…
……!
稔《みのる》さん!
いつ退院
されたんですか?
……?
稔さん?
どうして
黙って……?
にこっ

稔さん？
スー…
稔さん！
すぐに追いかけたけれど夫はすでに彼方で
待ってください
翌朝 電報で訃報が届いた―
夢だと言う人もいたけれど
あれは確かに夫だった―
最期に会いにきてくれたんだと思ってる
そんなことがあったんですね

それから病状は悪化し始めた
今 薬を注射しましたからね
痛い… 痛い…
目を覚ますのは痛みがある時で
眠っている時間が増えてきた
梅原さんにはもうご家族はおられないし
面会に来る方もいない
病室にはまめに足を運ぼう!
負担にならないよう配慮して
数日後
痛い…… お薬お願い…
……志村さん あそこ……

あそこ……
何かはたくさん
いるけど
手を振ってる…
いつもの服…
わからないよ……

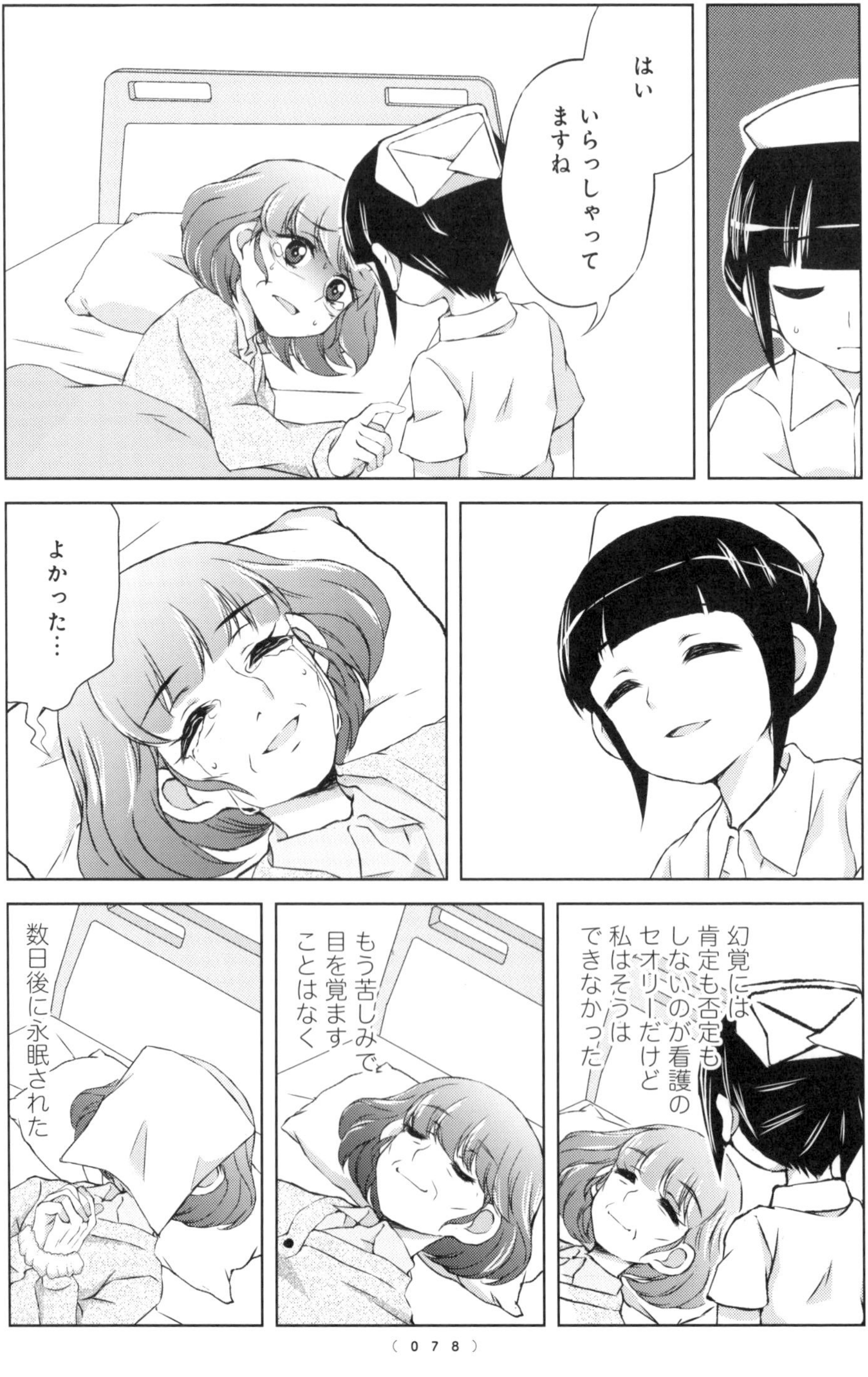
はい
いらっしゃってますね
よかった…
幻覚には肯定も否定もしないのが看護のセオリーだけど私はそうはできなかった
もう苦しみで目を覚ますことはなく
数日後に永眠された

身寄りのない方が亡くなった場合
市町村が火葬や私物の保管を行う
アルバムだけでも一緒に火葬できませんか?
とても大事になさってて…
私物は役所の方に渡すのでどうなるか…
そうですよね
何かが心に引っ掛かる
もっと梅原さんのために何かできたんじゃないかな
それからも変わらず緩和ケアでの毎日は続き
何人もの患者さんを見送った
数年後 また異動があった
緩和ケアにいるせいかと思っていたけど…
視える力が強くなってる?

臨終にたくさん立ち会ったから？
視えてたって何かできるわけじゃないし
よいしょ
道を譲ったり不便だし…
志村さん何をしてるんですか？
はっきり視えるようになったから 誰だかわかる時もあるけど…
何で田中さんまた来てるんだろ治療のサイクルか
空きベッドだしまぁいいか
世の中に意味のないことなんてたくさんあるけど
おつかれ〜
志村さんも不思議な話をたくさんご存じですよね？
折り入ってご相談したいことが…
もしかしてこの子……
これが意味だったたって思いたくない…
ありがとうございます！
夫の次の漫画《しごと》に活かせそうです！

患者さんの死が悲しいのは何年働いたら平気になりますか？
……ならないよ平気なフリするのが上手くなるだけ
しっかり悲しんで向き合わないと引きずるから…
患者さんへの思いを語りましょう

お気に入りの服

死亡診定
生命兆候がないことを確認する　最後の診察
ご臨終です
ちなみにこれが終わるまでは治療は中断できない
遠方に住む親族から同席の強い強い希望があり心停止から5時間後に診定されたケースの話である
硬直してる……
……ですよね
ズボンは何とか脱げました
上半身は厳しいわ
確かこの服お気に入りだっておっしゃってましたね…
知ってる…
…だけどやらせていただく
キレイにして差し上げたい
ガシャン
ジャキ
ああ…ああ……やっぱ怒るよね
どうやったらカーテンが一気に外れるんですか!!
ナンマンダブ ナンマンダブ…

般若心経

今日も疲れたな…
肩がすごく痛い
薬も飲んだし湿布も貼った
熱もないのに
ピッ
仏説摩訶般若波羅蜜多心経
急に体が軽く……いや
全体的に楽になってきた!?
ってこれ般若心経！
今日のダルさは疲れじゃなくて……憑かれ？

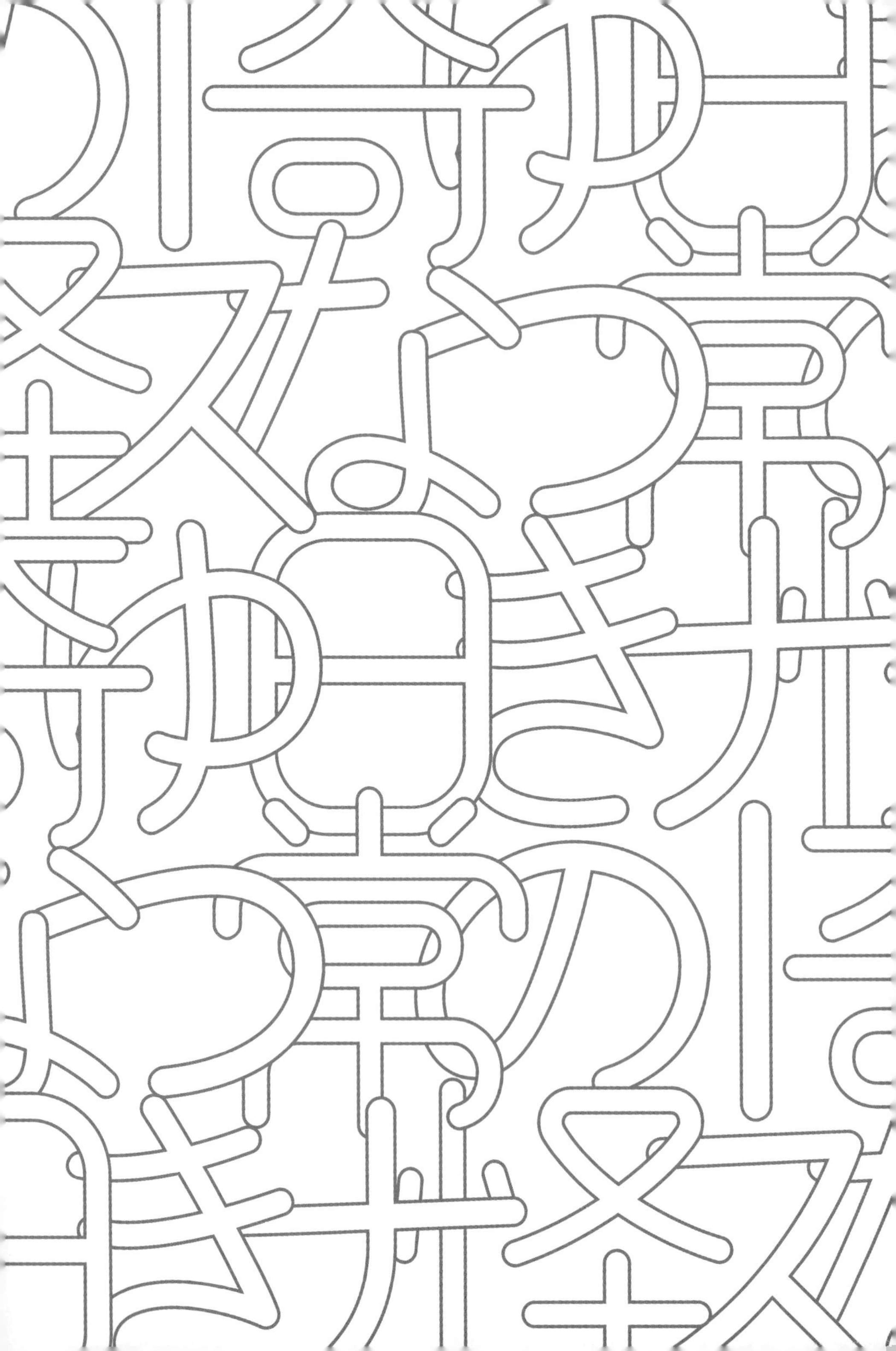

第3章

別れの予感は怪奇とともに

さみしい

ある夜勤のこと
今日は帰るわね
明日は何時に来る？
奥さん 明日も来てくださるんですね
寝る前のお薬です
そうだね
カラは後で回収しますね
ちょっと待って
えーとえっと あ！ そうだ
例の話はどうなった？
例の話？
ほら何だっけ あの…ほら……
先生に聞いてくれるって…
ああ 薬の相談の
！
……そ そう それそれ！
お話伺ってすぐ連絡したんですが
先生もお帰りで…
今夜中にお返事は難しくて
ああ それ！ いいのいいの
そうだ それよりもさ

この間良いニオイだって言ってくれた整髪料ね
床屋がね発毛効果もあるって
とても興味深い話ですが……ごめんなさい
次こっちきてー
看護師さーん
ブルブル
ブルブル
話の続きもう少し後でお伺いしても？
あ そうだよね
ごめんね……
ガヤ
ガヤ
シーン
最近 柳川さんの病室にいる時間長くないですか？
具合 悪いんです？
何か症状があるわけじゃないけど
何かと話を引き延ばそうとしてくる節があるね
皆さん引き延ばされてるみたいですよ
前の抗がん剤で副作用が強く出たから
いろいろ心配になってるのかな？
今までは他愛のない用事で引き止められることはなかったな…
ご家族の面会も毎日あって人恋しいわけじゃなさそうだけど

あれ？
柳川さん？
どうしました？
眠れません？
あっ!?
おっと
いや…えっと
それもあるかな
スリッパは滑り
やすいので一緒に
戻りましょうか
夜になると
いろいろ考えて
しまいますよね
今回は副作用も
ほとんど出てない
ですし……
予定通り退院
できそうって
先生も……
違うんだ
どうしました？
もう少し
このまま…
ごめんね
本当 自分でも何で
こんなことやってるか
わかんないんだけど
一人でいると
胸が苦しくて苦しくて

ナースゆつきの怪奇な日常

数日後
藤野記念病院
柳川さんは予定通り退院された
その後
藤野記念病院
あれ？柳川さんが入院の頃なのに
入院予約に入ってこないいな
……亡くなってる
ご自宅で永眠されたと連絡あり
休憩室
体調が悪いと心細いのはよくわかりますけど
死ぬ前にさみしくなるなんて聞いたことないですね
※学校で習った死の受容過程にも入ってないですし
亡くなる直前過半数はせん妄を経験するらしいですよ
まぁそれもあるとは思うけど

※キューブラロスが発見した死の受容プロセス。①否認②怒り③取引④抑うつ⑤受容の5段階があるが、全ての人が同様の経過をたどるわけではない。

大人はさ
素直に「さみしい」なんて言わないと思う
その代わりに…
話を引き延ばす
水をこぼす
用はないのに ナースコールをやたらに押す
そうそうあれどうなった？
あれだよ あれ
あ次はお茶こぼしちゃった
押してないわよ持ってただけで
それってさみしいからやってたんですか？
おそらくね
誰か側にいると治まるもんね
ご家族に面会を促したり看護師も努力するけど
24時間付き添うなんて難しいし
今まで看取った方たちも
皆さみしかったのかな……

最後の電話

家に電話したい
……今からですか？
23時……
消灯も過ぎてますし明日にしませんか？
いや…今夜でないと
どうしても電話しないと
こんな夜中に電話なんてご家族も驚くんじゃ…
明日 退院なのにそんな急用ってなんだろ…

ごめんね
こんなに夜遅く
大丈夫だから
心配しないでって
伝えたくて——
ありがとう
終わったよ
それでは戻って
休みましょうか
特に
急を要する話は
してなかったな
おやすみ
よく眠れそう
翌朝——
藤野記念病院
おはよう
ございます
どうしました～
今日退院だった
のにねぇ……
鈴木さん
亡くなったのよ

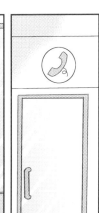

嘘!!
嘘ついて どうすんの
交替して すぐよ…
だって! 熱もないし 夕食も全部 召し上がったし 夜には家に 電話したいって
電話……!?
その話 詳しく聞かせて
「大丈夫」「心配しないで」…ってご家族に 電話してました
——その言葉

私も何度も経験があるの
その電話をした夜患者さんは急変した
ただの偶然かもしれないけれど
……
数日後
藤野記念病院
失礼します
看護師さん来たから切るね
大丈夫心配しな…
あれ？
もう切られちゃった
大丈夫…
心配しないで…
あの！念のためもう一度検温させてください
？
万一に備えてモニターも！
偶然かもしれないけれど
あの言葉を聞くと心配になります

どんな職業でも同業者は何となく察知できるものですが
この面会の方はもしかして……
あの腰の落とし方はタダモノではない!
妹さんはもしかして…
……ただの団体職員ですよ♪
ニコッ
看護師は隠す派が多いです
この患者さんは何年も治療を受けていましたが妹さんが来るようになったのはつい最近のことです
母
父
同居
患者
妹
この絶妙なタイミングすらあやしい……
次はタバコ買って来いよ
看護師さんに迷惑かかることしちゃダメ!

それから1カ月も経たず状態は急変し……
どうされました？
チラ
実は私も看護師なんです
この後に起こることはわかってます
干潮の16時8分まではいたかったんですけど
父も体調を崩して入院しておりまして…
死亡診定や処置はお任せしますので
また後で戻ります
その後
ご臨終です
初めて聞いた説でしたが時間の正確さに驚きました

舟は3艘

ある夜勤で
当直師長に報告中
先ほど亡くなった
患者様は霊安室に
下りました
要注意患者は
2名おりまして
心配ね……
その2人
どういう
意味ですか？
「舟は3艘」って
聞いたことない？
亡くなった方が
乗る舟は3つ
連なっているのよ
日々の死亡退院数が
3の倍数ということもなく
近隣の病院でも
その噂はなし
なし
あり
＊画像は
イメージです
三途の川の渡し舟や
カロンの舟など
舟の話は数あれど
乗る人数の規定は
ないんだよな……

件《くだん》の当直師長と
同じ病院で勤務した経験が
ある看護師に聞いてみると

白いもや

夜勤中
5時頃のこと
何だ？
あの白いの…
寒い？
ひや…
体位変換
お願いします
はーい
廊下の白い煙
みたいなの
何だろう？
そんなの
ありました？
体位を整えますよ
腕をまとめますね
……あれ？
脱力してる？

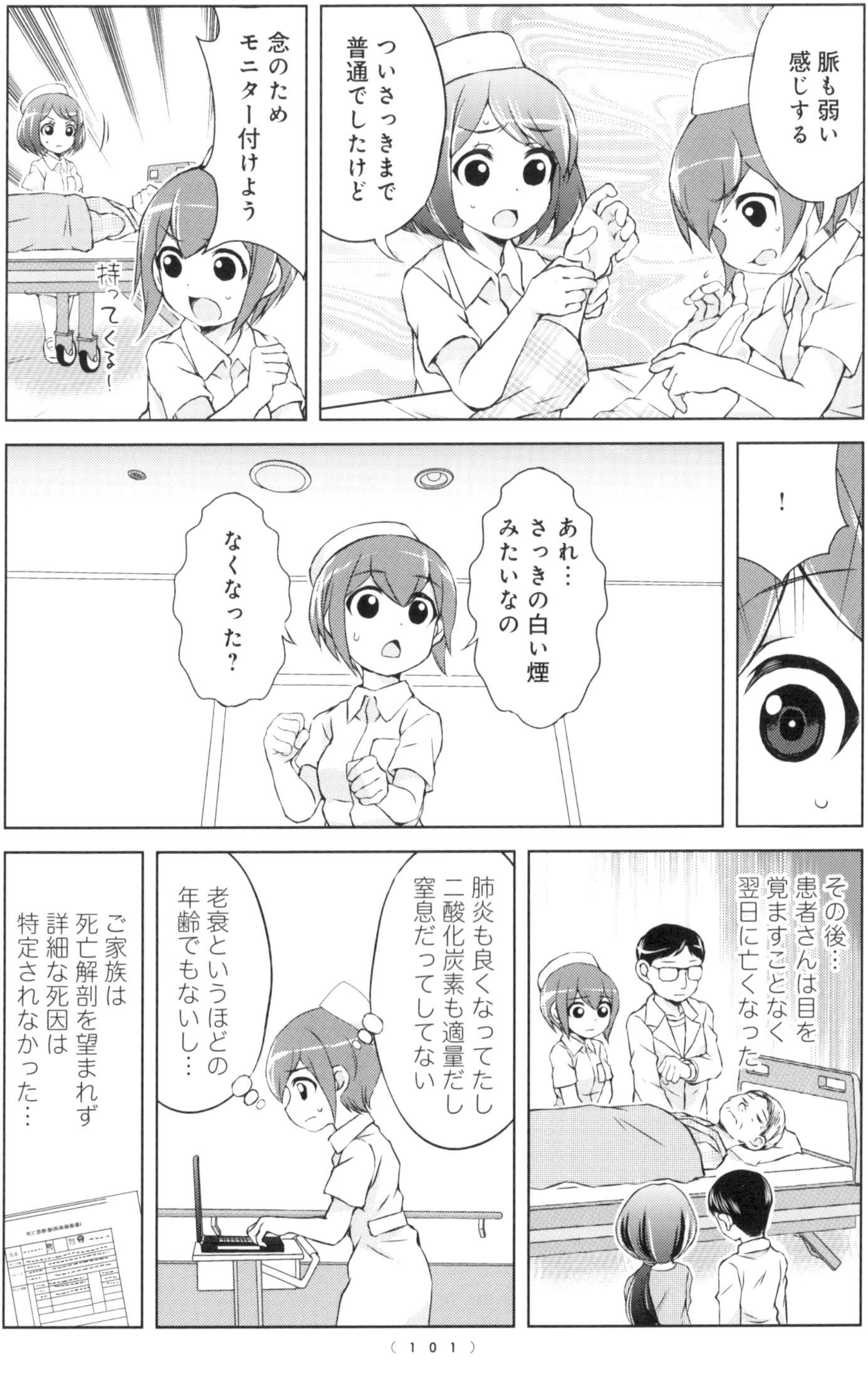
脈も弱い
感じする
ついさっきまで
普通でしたけど
念のため
モニター付けよう
持ってくる!
!
あれ…
さっきの白い煙
みたいなの
なくなった?
その後…
患者さんは目を
覚ますことなく
翌日に亡くなった
肺炎も良くなってたし
二酸化炭素も適量だし
窒息だってしてない
老衰というほどの
年齢でもないし…
ご家族は
死亡解剖を望まれず
詳細な死因は
特定されなかった…

数年後
ナースステーション
大変！大変だ！
ドタバタ
隣のベッドから煙が出てる！
はぁはぁ
えぇ？
あれ！
あの白い煙！水蒸気とかじゃないでしょ
エアコンから風が出てるのに動かないですね
確認しましょう
私にも見える…これは幻覚じゃない！
失礼します
ここの病室から煙が見えたのですが……

んあ？
窓は閉まってる
何も特別な私物はない
昼寝中
煙が出るものお持ちです？
ふわぁ
ないよ
熱もないし…脈も呼吸も大丈夫
ちょっと失礼します
昼寝なんて珍しいな
昨日で抗生剤は終わりだったのに
お邪魔しました
消えた？
結局 煙の原因はわからなかった
湯川さん？
湯川さん！

湯川です
父が意識不明
だって……
お待ちして
ました！
こちらです
あれっ!?
父さん！
大丈夫か!?
大丈夫ですか？
いつ意識が
戻ったんですか？
息子に話が
あるんだ
少し外して
くれる？
元気そうで
よかったです
ピイイイイ〜

なんで!? 今の今まで
父さん！ 父さん!!
湯川さん！
藤野記念病院
そういえば
さっき少し 変だったんです
突然…… 預金のことや
相続の話を 始めて……
だけど 何だか すっきりした顔 してませんか？
私には突然と 思えたけれど
父さんにとっては 違ったのかな——

間違いない
エクトプラズム！
この間見た白い煙の正体です！
なにそれ
えくと…ぷら？
ご存じないですか？
完全に一致します！
霊が物質化したもの？
白あるいは灰色
冷たく感じる
発見から1世紀の時を経てその正体が明らかに！
看護研究にしますよ〜！
現象があったことは否定しないよ
気持ちもわかる
でもその解釈は強引すぎだよ
オカルトに癒しを求めるのは看護じゃない
ぐすっ

Q:志村さんは幽霊が視えるのに
怪奇に詳しくないのはなぜ？

息子がどこにもいない

ねえ 息子を見かけなかった？
え……
いいえ？
そう……
石橋さ～ん！ ちょっと休憩しませんか～？
息子はどこなの？
ふら
ふら
息子は… 息子は……
あなた息子をご存じ？
ありがと
一度お部屋に戻ってみませんか？
○月
母さんは病気で入院中です。また明日も面会に来るよ
今日の日付に印がしてありますね
ここで待ちましょう
これは息子の字

母がお世話になってます
いつもすみません
心配したんだよ～どこに行ってたの？
母さんだめだよ迷惑かけちゃ
今は病気の治療で入院してるんだからね
ぜーぜー
調子悪いんですか？
季節の変わり目はどうしても…
ふーー
すーーー…？
石橋さんは親子で当院にかかっている
息子さんは喘息で通院中
母親は年に何度か体調を崩して入院している
母さん今日はもう帰るね
また来てね絶対よ
息子が帰って数分後
ここはどこですか？
目が覚めたら息子もいなくて
そしてまた1ページ目に戻るのであった

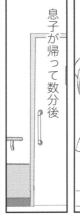

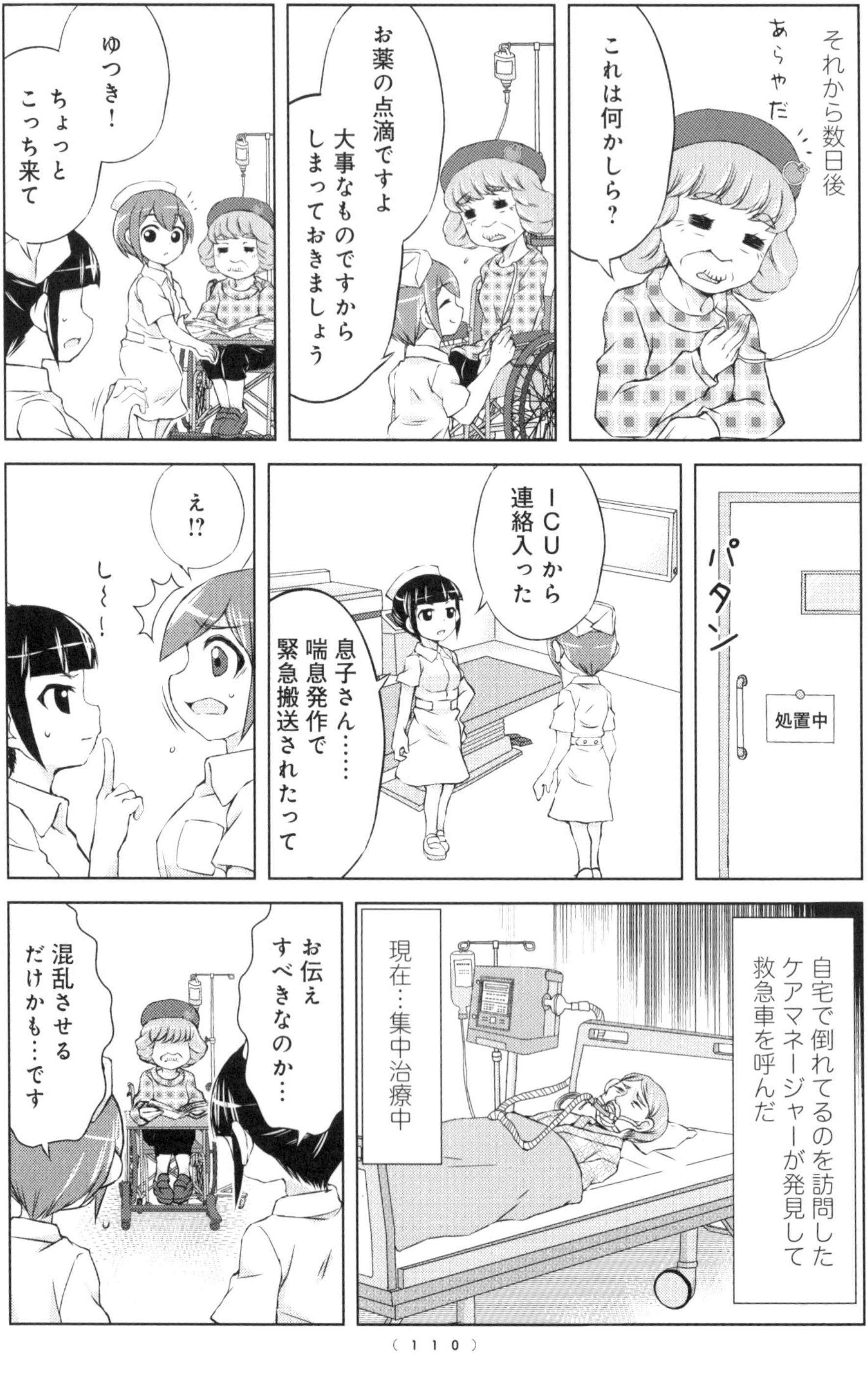
それから数日後
あらやだ
これは何かしら?
お薬の点滴ですよ
大事なものですから
しまっておきましょう
ゆつき!
ちょっと
こっち来て
パタン
処置中
ICUから
連絡入った
息子さん……
喘息発作で
緊急搬送されたって
え!?
し～!
自宅で倒れてるのを訪問した
ケアマネージャーが発見して
救急車を呼んだ
現在…集中治療中
お伝え
すべきなのか…
混乱させる
だけかも…です

また別の日
今日は静かだな
だがそれは長くは続かず
がばっ
息子がいないのよ 息子が……
行かないと
一緒に行きましょう
疲れたから戻るわ
部屋を出たところですよ？
興奮の始まりも終わりもいつも突然…
息子さんもなかなか落ち着かないな〜…
発作が起こる時間帯もバラバラで……
興奮
落ち着く
発作
時間
15:00
16:00
17:00
18:00
発作とタイミング似てる？
まさかね
数日後 ICUにて
この度は大変でしたね
たまたまケアマネさんと会う日で命拾いしましたよ
母さんは僕が入院してること知ってるのかな？
いえ…実はまだで……
親類の方には連絡してありますが

先生が 明日にでも
ＩＣＵを出られる
かなって
そうしたら
自分で
母に言いますよ
余計な心配を
させたくないので
黙っててください
息子さんも
お大事に
翌日…
息子はどこなの！
息子…トシヒコ！
どこに
いるの!?
トシヒコー！
トシヒコー！
石橋さん
少し座りましょ？
放してよ！
今行かないと
間に合わない
どこにいるの？

トシヒコ…
トシヒコ…
どこに…
いるのよう…
大丈夫ですか？
……
もういいの

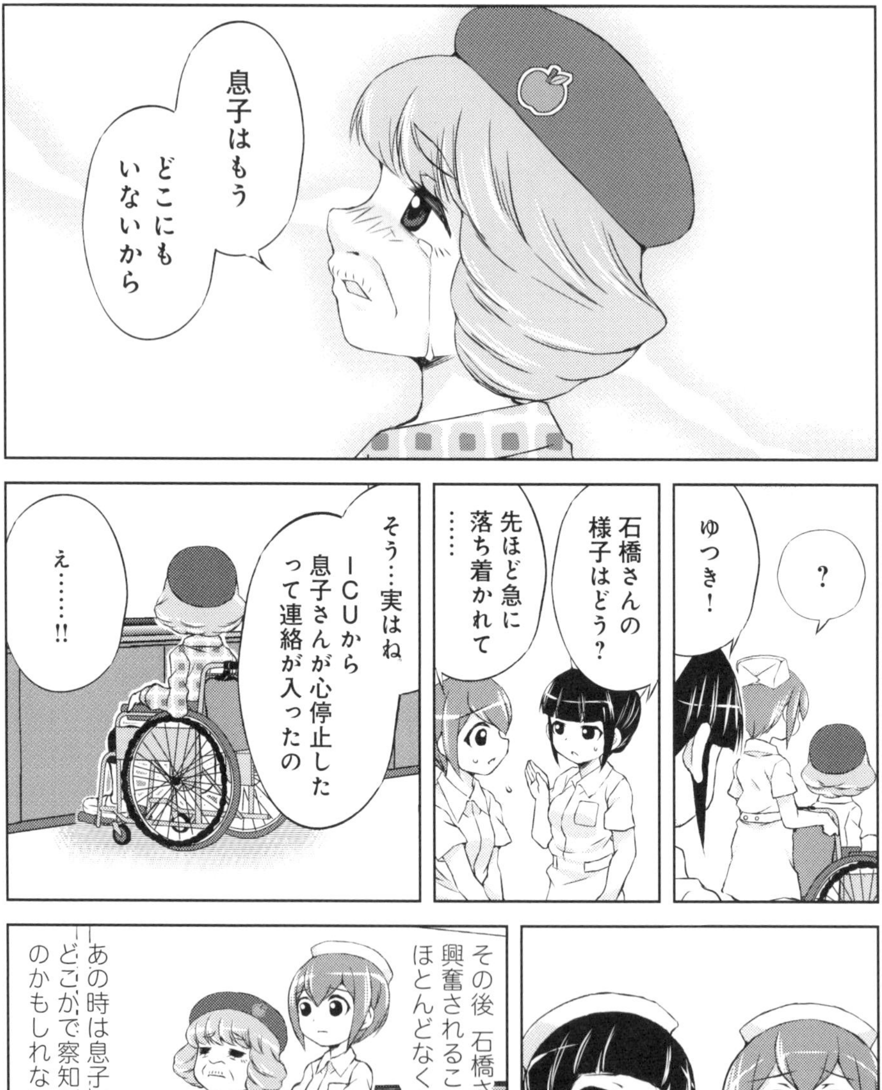
息子はもう
どこにも
いないから
？
ゆつき！
石橋さんの様子はどう？
先ほど急に落ち着かれて……
そう…実はね
ICUから息子さんが心停止したって連絡が入ったの
え……!!
その後 石橋さんが興奮されることはほとんどなくなった
ーあの時は息子さんの危機をどこかで察知していたのかもしれないー

○月
母さんは病気で入院中です。
また明日も面会に来るよ。
トシヒコ

最期はあなたと…

最期はゆつきさんの勤務でと決めているんだ
うんうん
え!?
抗がん剤治療を
それは翌日からの治療の説明中に突然告白された
検査の日も告知の日も初治療の日も
検査▶
告知▼
初治療▼
全部ゆつきさんだったじゃない
もちろんまだ全然その予定はないんだけどね!
ほっ
私の勤務ではそうはさせませんよ!
この太腕にかけて

抗がん剤治療のために
何度かの入退院をくり返し
夏
秋
冬
治療がひと段落して
自宅療養をしていた
緊急入院…
はい大丈夫です
……
守本さん？
どうしてもそこの
病棟が良いって
自宅療養を続けられない
ようなことが……
ナースステーション
またお世話に
なります

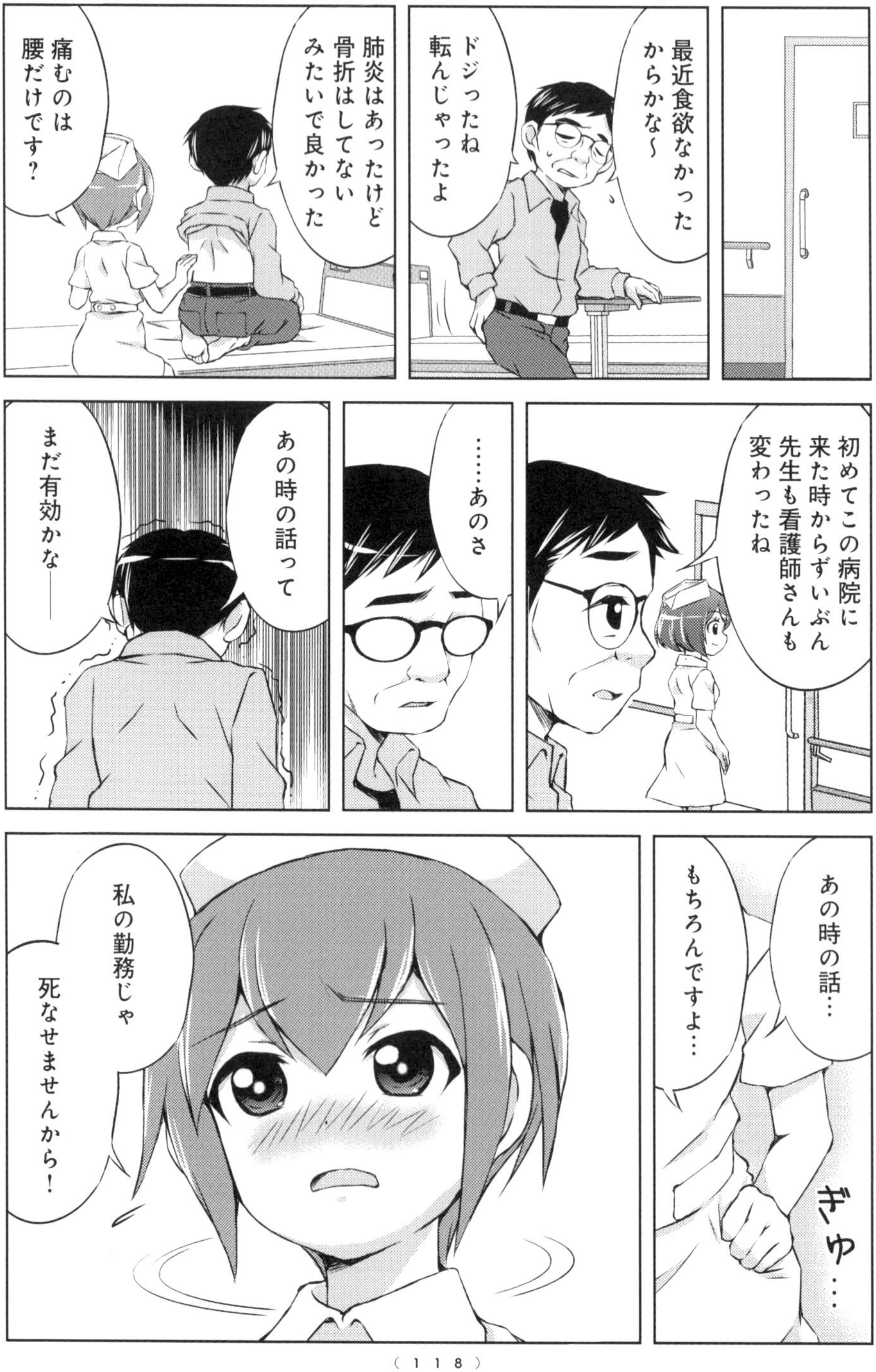
最近食欲なかったからかな～
ドジったね転んじゃったよ
肺炎はあったけど骨折はしてないみたいで良かった
痛むのは腰だけです？
初めてこの病院に来た時からずいぶん先生も看護師さんも変わったね
……あのさ
あの時の話って
まだ有効かな——
あの時の話…
もちろんですよ…
ぎゅ…
私の勤務じゃ死なせませんから！

だがその願いも虚しく
夫が起きないの
！
これは…
意識レベルが下がってます
守本さん！守本さん！
どういうこと？
二酸化炭素の貯留か終末期特有のものだと思います
痛みを与えても反応がないのは
意識レベル
よい
I 覚醒している
II 刺激すれば覚醒する
III 刺激しても覚醒しない
わるい
——最終段階です
だめよ……そんなの…
！
すみません
そんなに強い刺激ではないので……
ぱっ
違うの

※睫毛反射：まつ毛に指で触れるとまばたきが起こる反射

……ん
ゆつきさん！夫が！夫が！
はい！
私にも何か手伝えることはないかしら
パキポキ
ええと…ご家族パワー！
面会に来られる親族の方はいませんか？
なぜか脈が強くなったりする方が多いんですよ！
娘なら名古屋から呼んでるけど…
お父さん！お母さん！
お父さんが危篤ってどういうこと？
意識不明で看護師さんと刺激を与えて…
アケミ…？

どうしたの？
皆そろって…
お父さん！
その夜から
妻と娘は付き添い
週末には娘婿と
孫もやってきた

守本さん散歩してる！

二連休明けの出勤日
………
亡くなった？
あたしの勤務で
眠るように……ね
奥さんが「ゆつきさんにありがとうって伝えてください」って
退院の準備も始めてたのに
秘孔を突いて復活したのに
ただのツボ押しでしょ
………
ただ苦しい時間が伸びただけ？
ゆつきさん…少しいい？
これが投書箱に入ってたの
お聞かせ下さい
この病院に
入院して
よかった
守本 アキオ
この2週間は苦しいだけじゃなかったみたい

病気で入院することは
つらいし苦しい
本人だけでなく
周りにいる人たちも
つらいし悲しい
そんな人たちの
力になりたいと思って
私は看護師に
なったんだった
申し送り
始めますよー
はい！
そして
それはこれからも

あとがき

最後までお読みくださり、
ありがとうございます。
作者のゆつきです。

看護の世界に足を踏み込み、
気がつけば人生の半分以上の時間を
看護師として過ごしてきました。

毎日の看護や業務に加え、
患者さんとの出会いと別れ、
怪奇なこと……。

看護師は、なる前に思い描いていたよりも大変で、
しんどくて、責任も大きくって、
怖いことも悲しいこともたくさんあって、

でも、この仕事が大好きです。

だからこそ、
漫画にして公開するのは
とても不安でした。

私の愛憎入り混じる
大事な看護が否定されるんじゃないかって。

けれど、
藤野美奈子先生に
「あなた……漫画を描いたほうがいい」
そう言われて、
思いきって筆をとって。

その後、
夫はもちろん、
編集の深川さん、
同僚に上司や先生、
皆さんの励ましや協力があって、
この本になりました。

これを見て、
誰かが悲しい気持ちを少しでも癒してくれたら、
明日もがんばって仕事に行こうと思ってくれたら、
それはとても嬉しいです。

ゆつき

作・ゆつき

経験16年目のナース。病院であった不思議なことを漫画にしてSNSで発表している。ナース勤務の傍ら、漫画家の夫・葉来緑のアシスタントも務める。

画・葉来緑（はぎみどり）

「あやかしよりまし」にてデビュー。著作に『ガールズ＆パンツァー　戦車道ノススメ』全5巻（KADOKAWA刊）。

ナースゆつきの怪奇な日常

作 妻 ゆつき ＋ 夫 画 葉来緑

The strange daily life
of a nurse
Presented by
Yutsuki + Hagimidori

2019年9月20日　第1刷発行

発行者　土井尚道

発行所　株式会社 飛鳥新社

〒101-0003　東京都千代田区一ツ橋2-4-3

光文恒産ビル

03-3263-7770（営業）

03-3263-7773（編集）

http://www.asukashinsha.co.jp

デザイン　コードデザインスタジオ

印刷・製本　中央精版印刷株式会社

ISBN 978-4-86410-714-3

編集担当　深川奈々